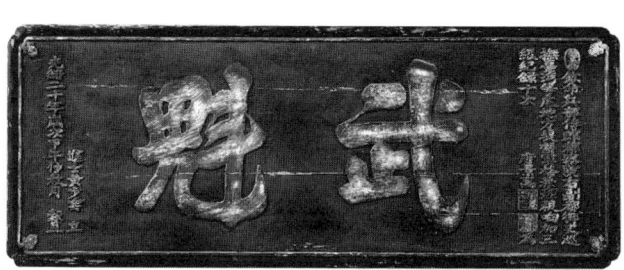

武狀元

一个从庶民到将军的人才培养工程

张全海 著

中国画报出版社·北京

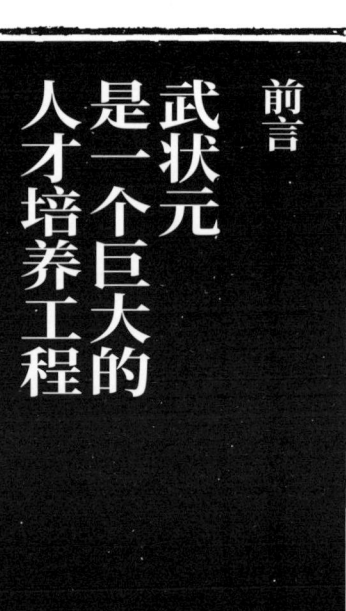

前言

武状元是一个巨大的人才培养工程

武状元不是从来就有的。尚武精神虽然源远流长，先秦以射艺选拔官员，国家崇尚武艺，孔子教弟子骑马射箭，民间私学蔚起，秦有白起，汉有韩信，英雄多自草莽，历经千年酝酿，至唐武后时期才设立武科、兴办武学，以国家制度形式保障武举人才的培养，又到宋仁宗天圣八年（1030），中国才正式诞生了第一位武状元。所以说人类从斩木为兵的自发行为到通过武科考试选出武状元的制度自觉，是一个漫长的文明演进过程，更是一个跨越千万年的人才培养工程。

自从第一位武状元诞生以来，通向武状元的道路一直都是曲折坎坷的。宋太祖赵匡胤玩了一把"杯酒释兵权"之后，中国历史便跌入了"重文抑武"之河，武人功劳再大，职衔再高，也要受文官的节制，在文人面前，武人总要"低人一等"，二品的文官完全可以节制一品的武官。又所谓"穷文富武"，家里再穷，只要弄几本四书五经、时艺攻略，就可以走上文科科举之路。然而武举的装备就没那么简单了，弓、刀、石、马、箭，不亚于你现在要配备一辆豪华悍马车、一把AK-47步枪，还有更多的其他装备，然而这只是装备。练武是个极耗体力的活，营养跟不上肯定是不行的，你看现代运动员吃的营养餐就知道是什么条件了，古代没有那么多牛奶，起码豆浆要保证供应吧？所以说，没有一定的经济实力，是很难走武举之路的。对于一个家庭来说，习武无疑也是一项巨大的人才培养工程。

"朝为田舍郎，暮登天子堂。"看似轻松的科举诗谚，然而真实的登科之路是不可能这样轻松的。从一介童蒙经过层层筛选闯关，最终登堂入室，接受皇帝殿试钦点，就是一条"千军万马过独木桥"式的艰难道路。而又要从"独木桥"闯过来的举子当中选出头名状元，那恐怕就只能用"走钢丝"来形容了。在广袤的中华大地上，三年才培养出一个状元来，这是多么小的概率啊，其难度绝对要比现在的"高考状元"大很多。

武状元要有强健的体魄，这是毫无疑问的首要条件，能搬起三百斤（今九十六千克）的巨石，挥舞百余斤的大刀，拉开十余力的硬弓，绝非普通体质的人能做到的。要有矫健的身手，能上马骑射，百步穿杨，没有超人的禀赋也是很难做到的。武状元往往并非一介武夫，还要"兼通经史"，除了要在外场武技上独占鳌头外，在内场考试上也要有出色的文章。所谓"文无第一，武无第二"，在武场上比试，有各种指标参数可依，但在文场上则没有非常直观的数据分高低，往往跟判卷人的喜好相关，如果碰上对脾气的考官，则能幸运胜出，尤其是碰到喜欢文才的皇帝，则可能会加大文场考试的权重。"文武双全"往往是成为武状元的必备素质，所以武状元的培养也是一个自我修炼、综合培养的巨大工程。

  清康熙帝就是一位提倡文武并重的皇帝，所以在康熙三十三年（1694）甲戌科武试中，文武兼备的曹曰玮脱颖而出，拔得头筹，而康熙四十二年（1703）癸未科武状元曹维城则更是以文才著名。曹曰玮能成为武状元，是家族几代人用心培养的结果，同时也离不开其成长环境。安徽贵池缟溪曹氏自从移居京城后，不知是什么因缘促成了他们与曹雪芹家族的密切交往，其兄长曹曰瑛成为翰林院待诏，多与高层文人来往唱和，很难说曹氏兄弟的成功与曹寅、王掞、曹鉴伦等名流高士没有关系。

  关于武状元研究的图书类专著至今仍付阙如，本书的素材源于作者20多年来案例研究的成果，勉为填补空白之作，仍是一个尝试性探索，肯定还有很多不足之处，敬请广大读者批评指正。

第一章 /12
从孔子到武皇——武状元的形成历程

第二章 /40
从乡间到殿堂——武状元的考试过程

第一节 武艺与文艺——武状元『封神』之路 /46

第二节 占籍：科举时代的『高考移民』现象 /114

第三章 /132
从功夫到将略——武状元的仕途生涯

第一节 仰望乾清门——宫廷侍卫 /133

第二节 绿营练兵实纪 /153

第三节 兵部典制杂考 /176

第四章 /194
从武艺到文艺——武状元的必备能力

第一节 风流第一人——曹日玮家族与曹雪芹家族 /195

第二节 "枪挑小梁王"——武状元的武艺 /216

第三节 兼通经史——武状元的文艺 /228

参考文献 /244

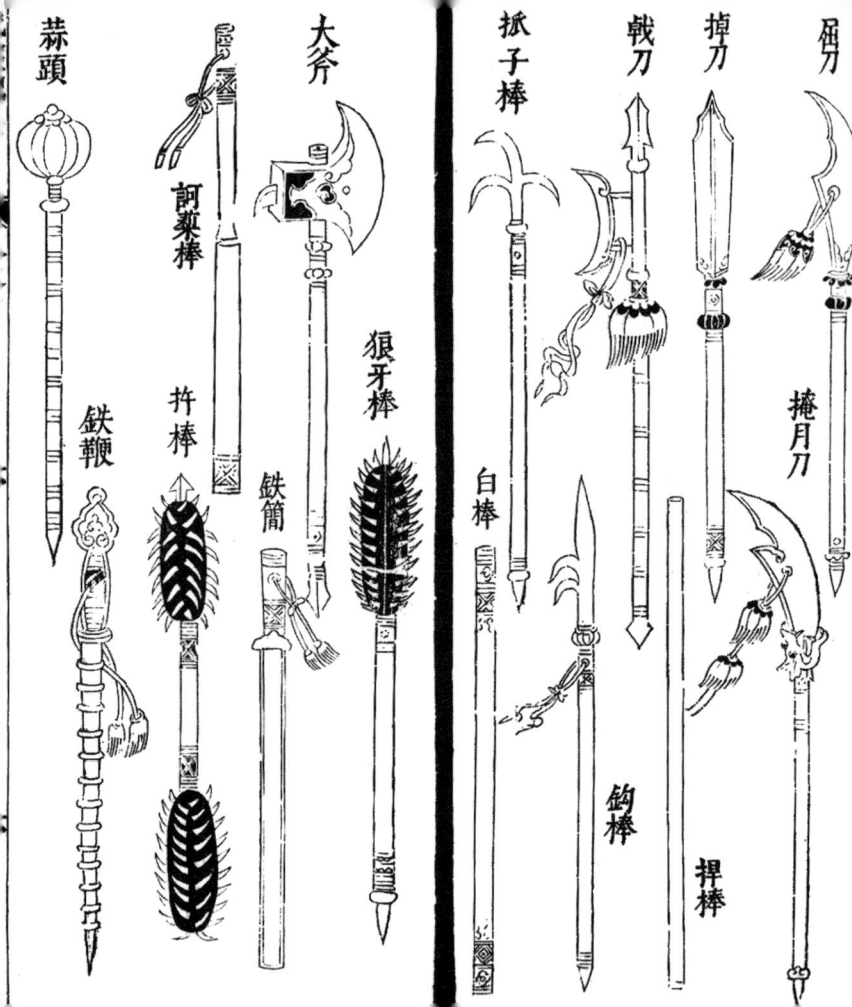

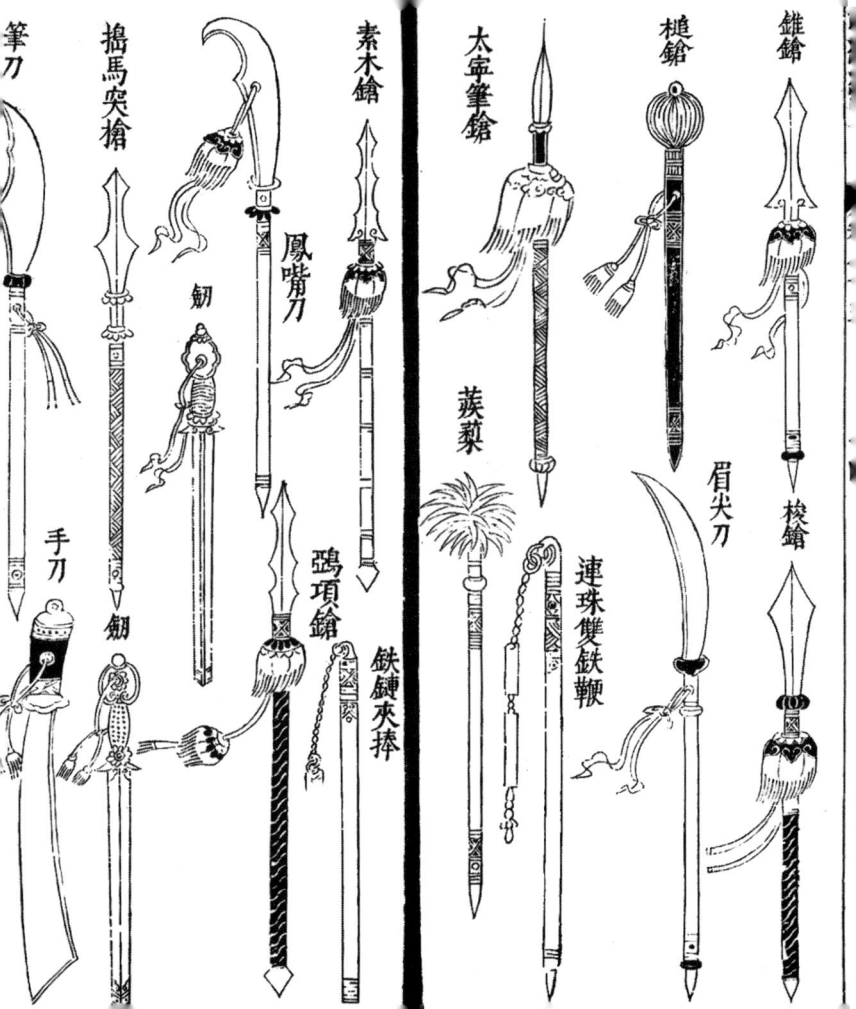

第一章 从孔子到武皇——武状元的形成历程

文武之道自古为人并重，文圣人孔子所学其实不唯"文学"，其"六艺"之"射"艺即为武学，而他的弟子子路更以武力闻名。就像社会分工越来越细一样，文武之道从开始的混沌未判状态到后来逐渐分离，直至最后分道扬镳，各行其是，才形成了"文选""武选""文科""武举"等对应概念。

子路死卫 选自日本唐土名胜图会。仲由，字子路，鲁国人，"孔门七十二贤"之一，好勇尚武，作为侍卫跟随孔子周游列国。鲁哀公十五年（公元前479），卫国内乱，子路冒死救援，混战中，被敌人将冠缨击落，子路说："君子死，冠不免。"停下争斗去拾冠缨，被敌人砍成肉泥。葬于澶渊（今河南濮阳）。

"武举"的形成，有着漫长的历程。远古时代，"文武"本处在萌芽时期，"文"的方面，汉字正在成长，"武"的方面，"武""舞"难分，自然谈不上科举之说。早期见于典籍的关于武选的资料有周庄王十二年齐国用管仲"行轨里连乡之法，而举其有拳勇股肱之力者"（《国语·齐语》），这可算作武选的初期状况了。周代"武选"可见于《礼记·射义》的记载："是故，古者天子以射选诸侯卿大夫。"

汉高祖刘邦起于市井，提三尺剑得天下于马上，这其中除了萧何、张良等谋臣，更有韩信、樊哙等辈为其冲锋陷阵，杀敌立功，从韩信拜将的故事可以看出当时对选择武将人才的重视。至武帝元封五年（公元前106），刘彻因感文

分处四民 选自《圣喻像解》。图为管仲与齐桓公讨论国事的情景。管仲在"分处四民"中提出了"行轨里连乡之法，而举其有拳勇股肱之力者"（《国语·齐语》），可算作武选的初期状况

汉高祖斩白蛇 选自《历代画像传》。据《史记·汉高祖本纪》记载，刘邦奉命带领一批民工，赶往骊山为秦始皇修墓，在芒砀山遇到一条粗如碾盘的巨蛇，刘邦借酒壮胆，用剑将巨蛇一斩为二。后人附说，刘邦斩蛇后，一个老妪哭诉而来道："白帝之子被赤帝之子杀死了。"刘邦决定扯旗起义，并最终创建西汉

臣武将之重要，下诏令州郡"察吏民有茂才、异等可为将相及使绝国者"（《汉书·武帝纪》）。其后的汉代帝王也每有类似之举，如宣帝本始二年"选郡国吏三百石伉健习骑射者，皆从军"（《汉书·宣帝纪》），灵帝中平元年三月"诏公卿出马、弩，举列将子孙及吏民有明战阵之略者，诣公车"（《后汉书·孝灵帝纪》），等等。这是汉代选士制度——"察举制"在武选方面的具体实施，其中"勇猛知兵法"为察举科目的"特科"之一，可见汉代虽没有形成"武

登坛拜将

选自历代名将画谱。讲述的是韩信拜将的故事。韩信本为穷困潦倒之辈,投奔项羽未被重用,经萧何保举,被刘邦封为大将军,后成为西汉开国元勋,著名的军事家,"兵家四圣""汉初三杰"之一。从刘邦对待韩信的态度上,可以看出当时对武人的重视程度

登坛拜将

历代名将画谱 上集

十二

举"制度，但却为唐代武举发端做了铺垫。

魏晋之时，魏明帝太和二年（228）冬十月"诏公卿近臣举良将各一人"（《三国志·魏志·明帝本纪》）；晋成帝咸和八年（333）"令诸郡举力人能举千五百斤以上者"（《晋书·成帝纪》）。隋代确立文科科举制度，武选方面仍是荐举。

至唐初，武选还是沿用前代之法，高宗显庆二年（657）诏有武勇奇才可精加采访奏闻。武举制度的正式确立是在武后时期，中宗嗣圣十九年（即武后长安二年，公元702年），朝廷教人习武艺，后按文科明经进士之法，每年行乡饮酒礼送于兵部，是为武举之开端，考试内容为长垛、马射、步射、平射、筒射，还有马枪、翘关负重、身材言语之选。至玄宗开元时期，继续武后时之法诏试武举，并建姜太公庙，以张良配享，还有诸多古代良将入祀，武举中选之后，要到太公庙行拜谒礼，同时设立培养武举人才的机构——武学，这些标志着武举制度的正式确立。武举制度的创立，为唐代选拔了人才，如有"再造之功"的郭子仪就是武举出身；而其更重要的意义则是使得武选与文选并行，完善了科举制度，为一千多年的武举制度的发展开了先河。

郭子仪 选自人镜阳秋。郭子仪为唐朝中兴名将，早年参加武举考试，以「异等」成绩授予武职，后拜兵部尚书、太尉等，死后追赠太师。图中讲述的故事是在唐广德二年（764），仆固怀恩叛乱，郭子仪单骑前往说服跟随叛乱的回纥部，策反回纥部，两家合兵大破吐蕃

跪射图 敦煌莫高窟五代壁画

宋仁宗天圣七年（1029），诏命复置武举，八年，仁宗"亲试武举十二人，先阅其骑射而试之，以策问为去留，以弓马为高下"《宋史·选举志三》。神宗熙宁五年（1072）设武学于武成王庙（太公庙），选文武官知兵马者为教授，定考试选用之格。孝宗乾道五年（1169）诏命依文举廷试给黄牒，榜首赐武举及第，其余的赐武举出身；淳熙四年（1177），诏武举榜首为阁门舍人，是仿进士科状元除馆职之例。宋代武举的特点之一是考试内容上分武艺和程文两部分，武艺有步射、马射、弩踏、刀枪等，程文即考试兵书策义，兵书为《六韬》《孙子》《吴子》等（元丰三年，定"武经七书"为武学必读之书，即《孙子》《吴子》《司马法》《六韬》《尉缭子》《三略》《李卫公问对》），策问则是殿试的内容；特点之二就是武学的发展，自仁宗庆历时期始设武学以来，武学成为武举考试生员的重要培养基地。这些都为后来的武举考试格局提供了范例。

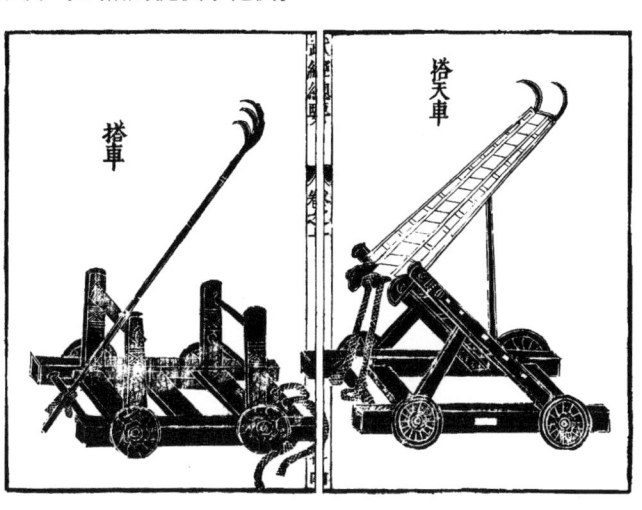

武经总要 北宋官修的一部军事著作，奉勒撰，明万历二十七年（1399）刊。全书分为前后两集，共四十三卷，对于研究宋代的军事思想、兵器等有重要的参考价值

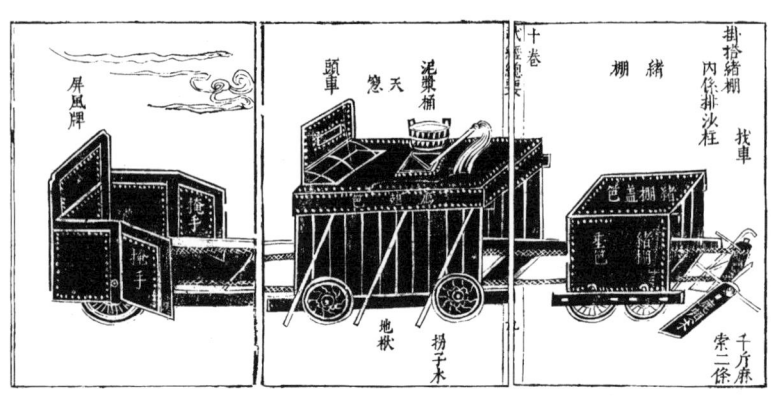

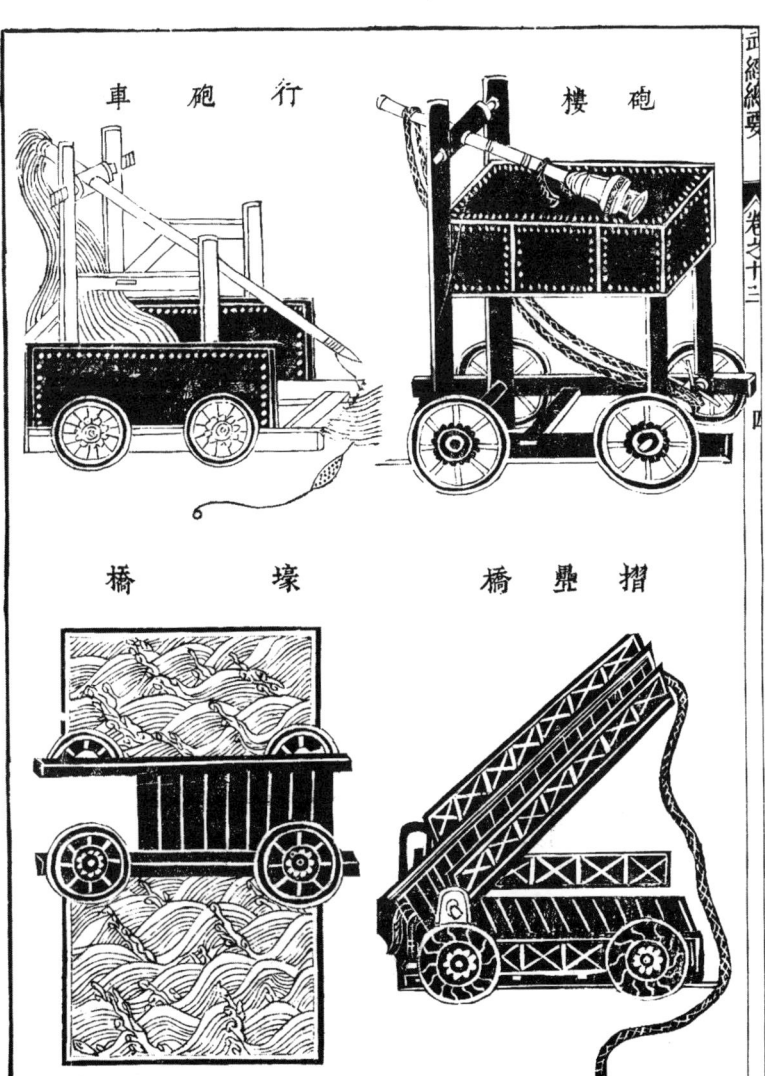

闘艦

闘艦者船舷上設女墻可蔽半身墻下開掣棹空孔船內五尺又建棚與女墻齊棚上又建女墻重列戰士上無覆背前後左右堅牙旗金鼓齊奮豪俊男兒踊王作大舟建第一百二十丈裝二十八板木為城栿為櫓樓周四周其上皆得馳馬盖鷁首怪獸人懼江神

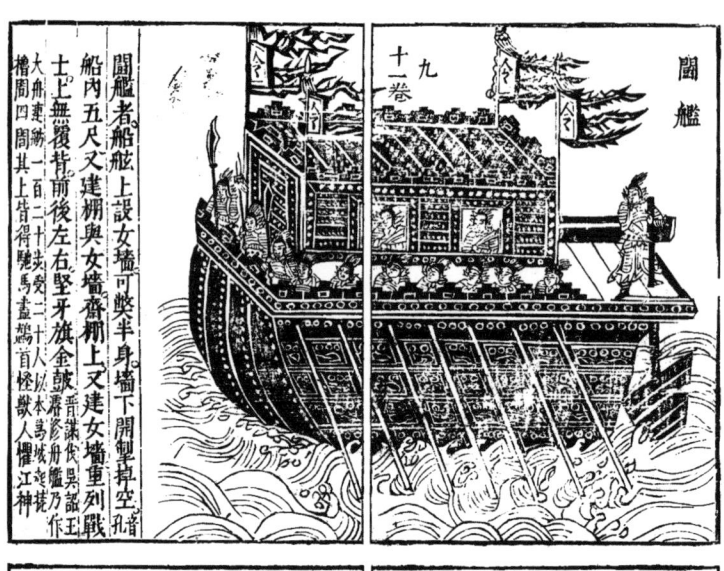

海鶻

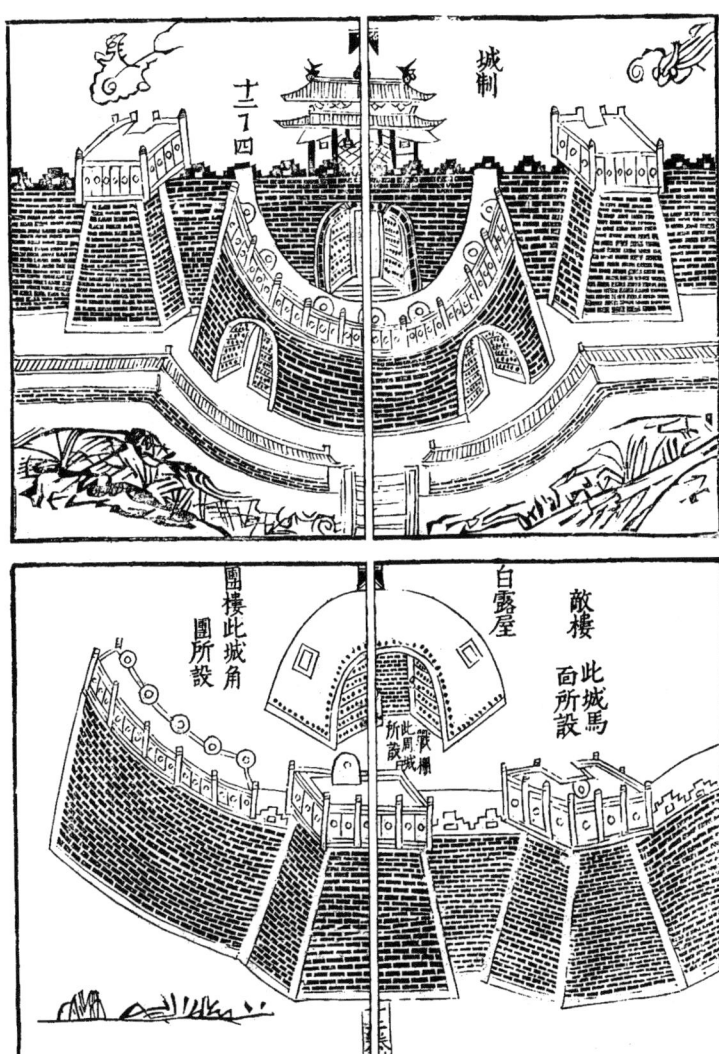

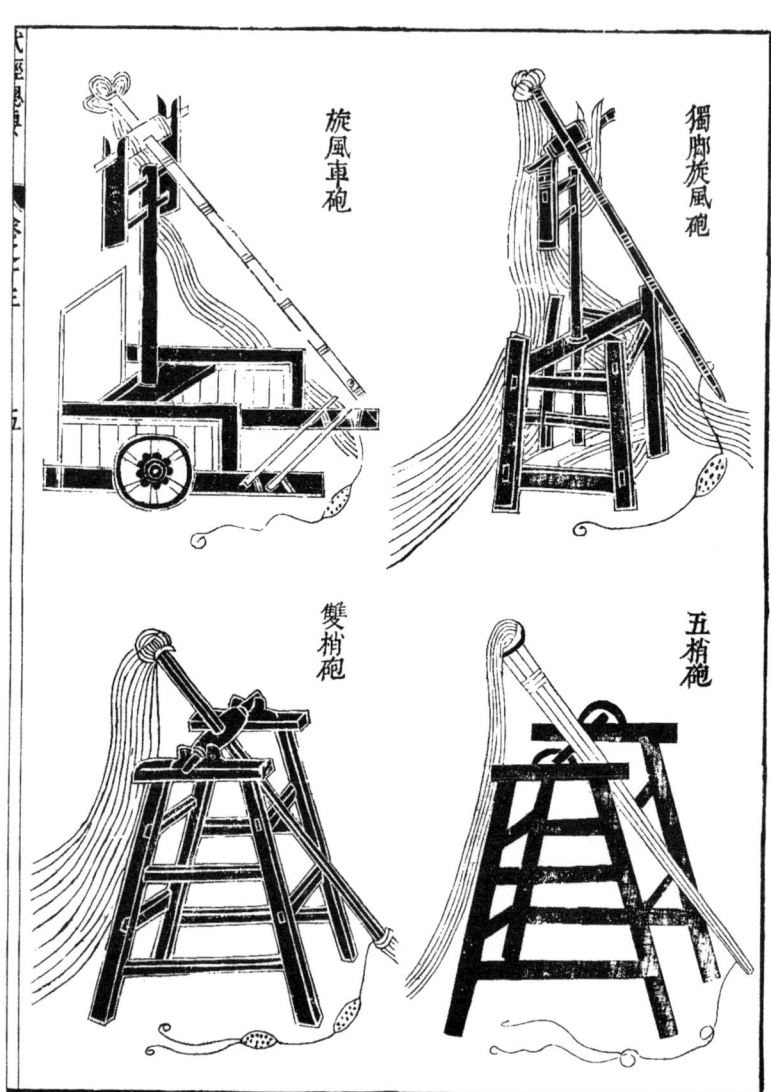

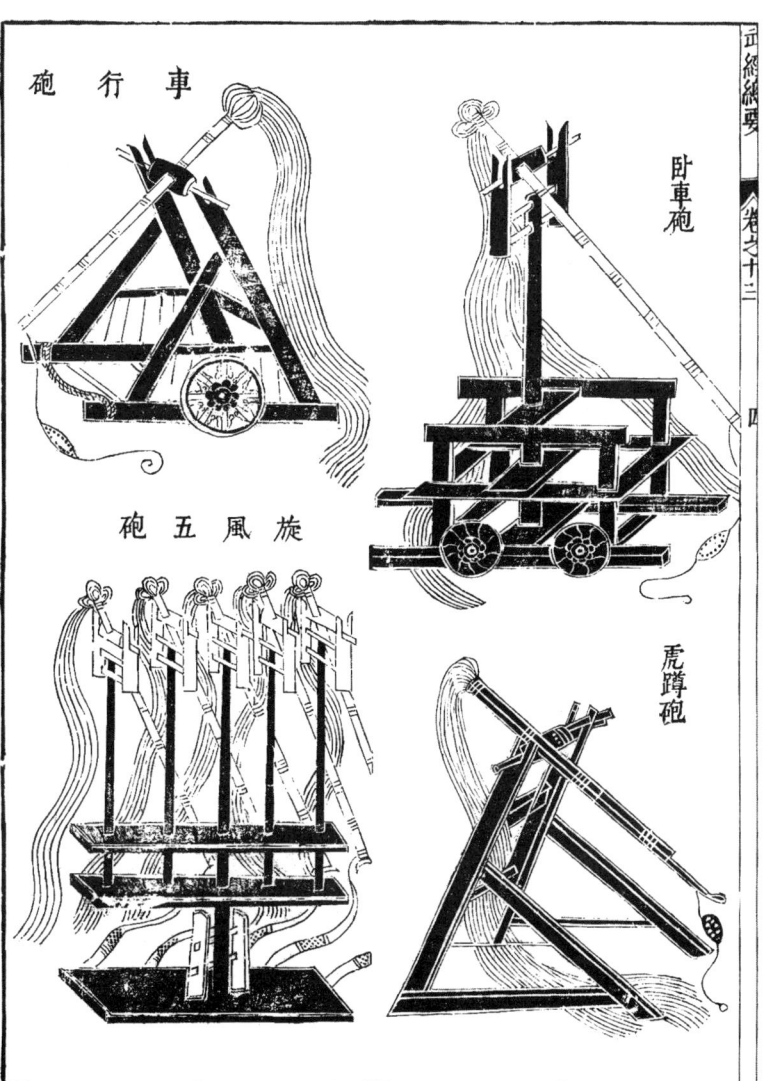

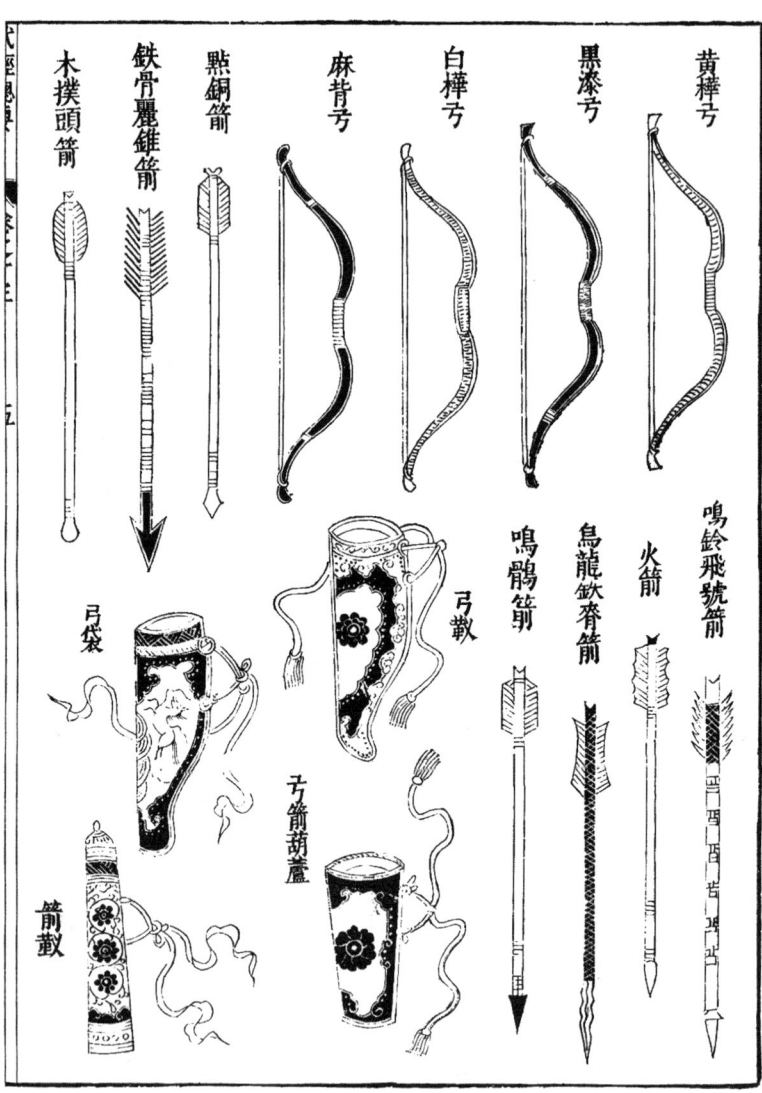

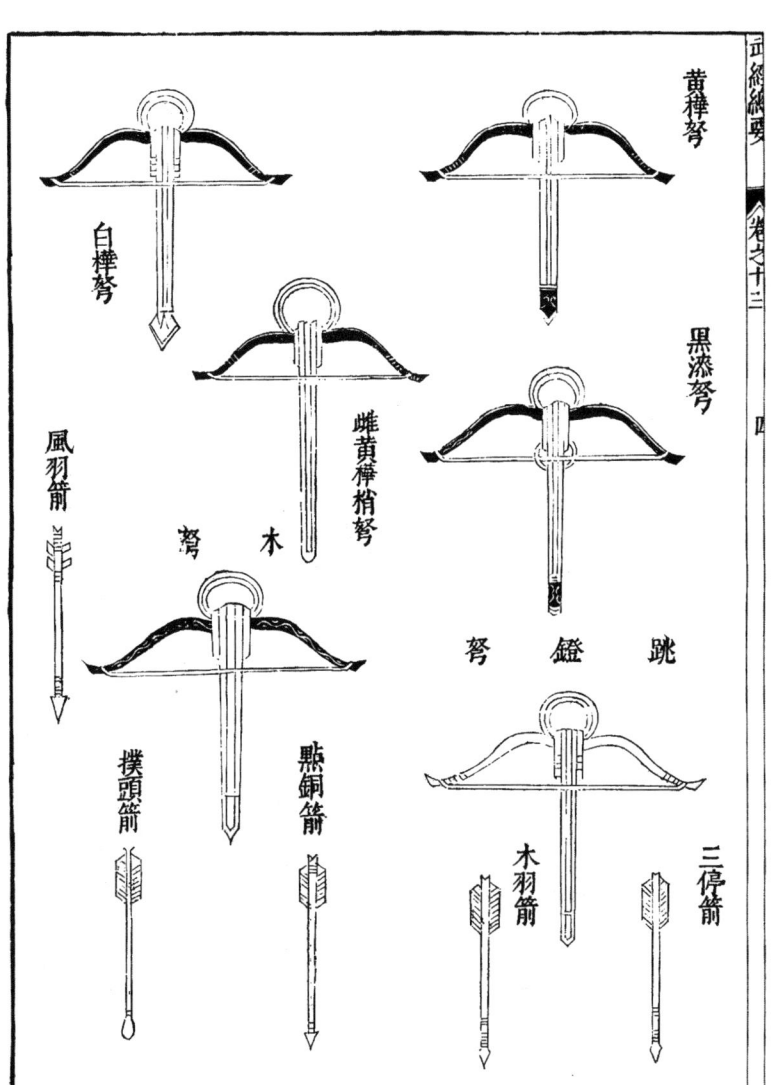

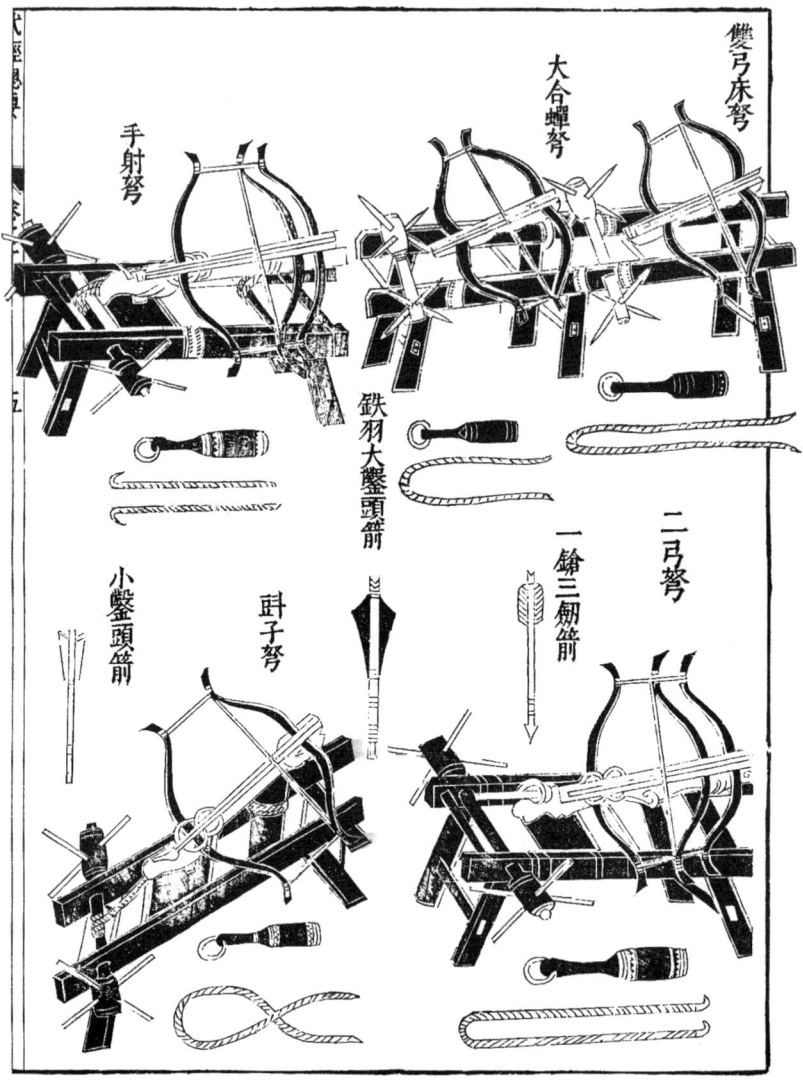

鸡项　　　　　　　馬甲面簾

盪胸　　　　　　　馬半面簾

　　　　　　　　　馬身甲

搭後

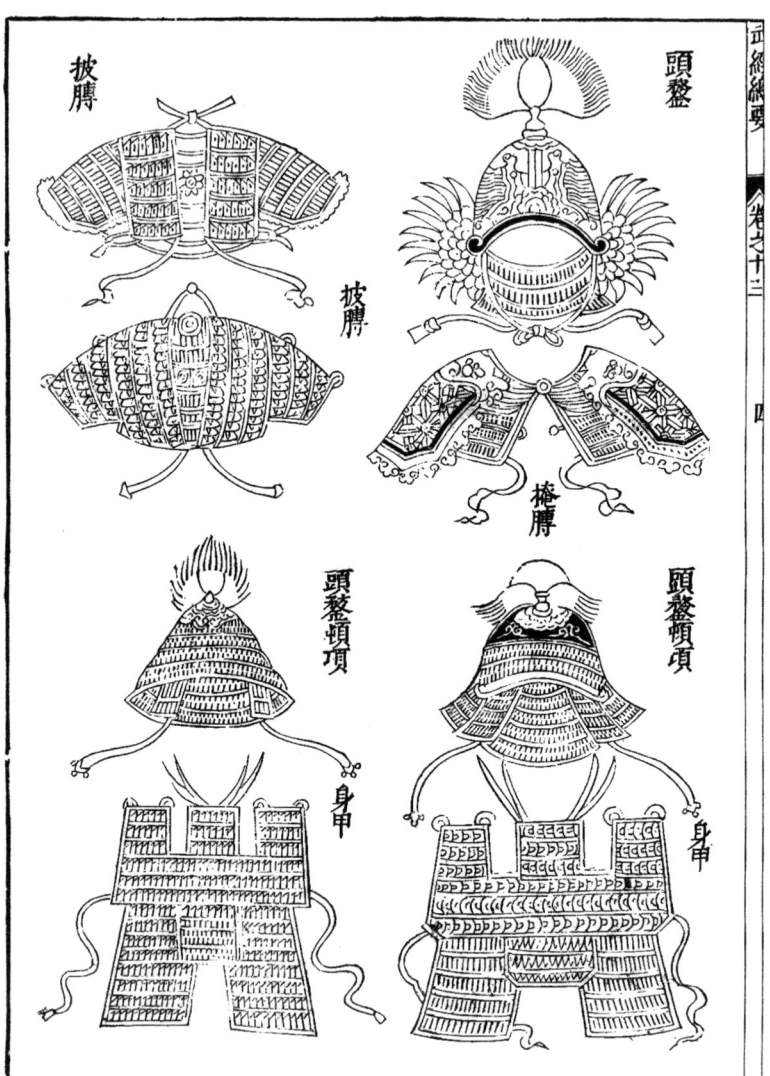

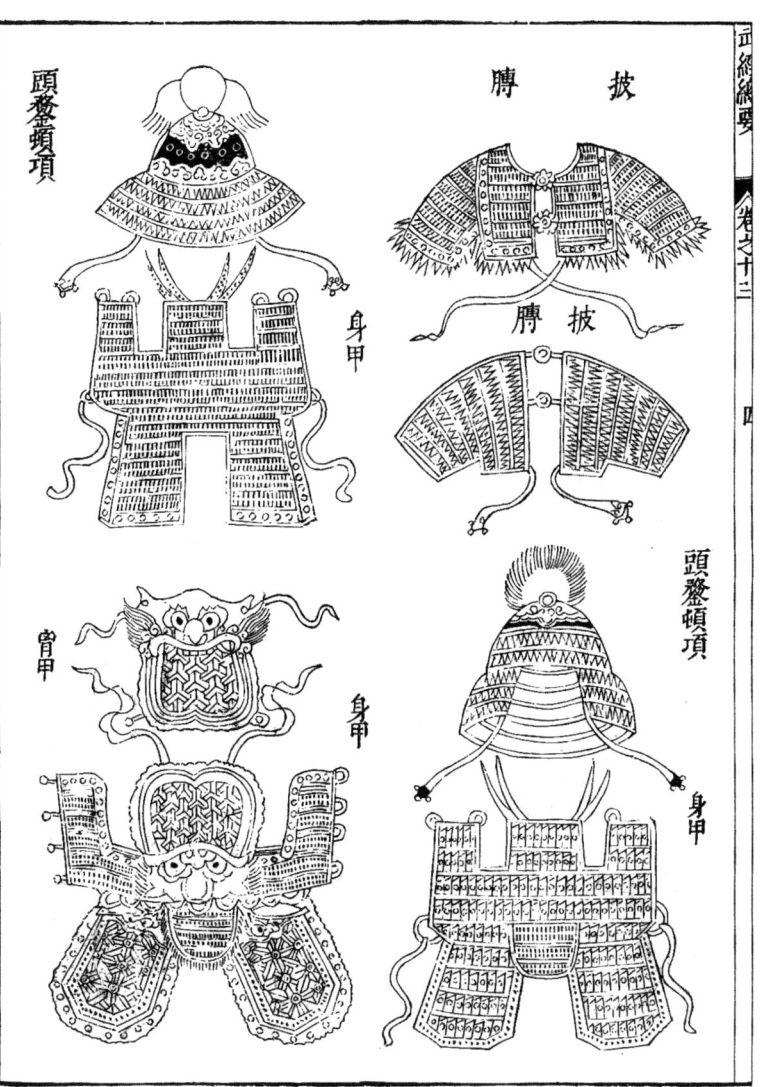

与两宋并存的少数民族政权只有金朝仿照汉制设武举，章宗承安元年（1196）定武举历职之格，泰和元年（1201）更定武举之制，以上中下三等取士。

元代不设武科。

元代马射图与步射图 选自事林广记。元代虽然不设武科，但蒙古人本身就擅长骑射，成吉思汗能够建立庞大的蒙古帝国，与他所创建的蒙古骑兵是分不开的

朱元璋在建立政权初期，注意吸纳文武人才，吴元年（1367）就诏令开设文武科，但未及实施。在国家统一之后，朱元璋则实行重文轻武的策略，洪武三年（1370）即诏令文科开科取士。到洪武二十年（1387），礼部奏请复武学、设武举，遭到朱元璋的斥责。宣宗宣德四年（1429）议开武科，英宗天顺八年（1464）令巡抚、巡按考试武举，明代武科自此开始。初期规定巡抚、巡按将考中者礼送兵部，会同总兵官于帅府内试策略，教场内试弓马。宪宗成化元年（1465）始立武举法，三年卫学始行岁贡，十四年（1678）兵部尚书余子俊、太监汪直请武举设科乡、会、殿试，像文科一样，未得应允，而诏令天下教养武举数年，等有成效时巡按提学等官上奏处置。孝宗弘治六年（1493）定试用武举格，十七年（1504），改武举三年一试（原为六年），奏

明代马射图与步射图

选自三才图会。明太祖朱元璋建政之后也效仿宋太祖赵匡胤的做法,重文抑武,压制武举的恢复,但明朝恰恰是军旅武术走向民间武术的一个关键时期

准武举仿文举事例出榜赐宴。武宗正德三年（1508），兵部始定武举乡试，分为三场，头场试马箭，二场试步箭，都以发九中三为合式，三场试策二道、论一道，此时并无进士科。世宗嘉靖元年（1522），议准试用武举条例，即文举乡试之年，各地巡按御史于十月考试武举，两京则于武学月考选取优等的，都送兵部，于次年开科会试，如同乡试也分三场举行，会试中式者为武进士。武殿试始于崇祯时期，崇祯四年（1631），武科会试，举人中能使一百斤刀的只有王来聘和徐彦琦二人，但结果徐彦琦竟未被录取，舆论哗然，因此崇祯帝决定照文举之例行传胪殿试，并钦定一甲三人，王来聘获一甲一名，是为武状元，明代正式武状元自此始有。

清沿明制，许多方面承袭了明代的做法，与宋明武举时存时废的状况不同，清代武科从顺治三年（1646）到光绪二十四年（1898）从未间断过，直到光绪二十七年（1901）废止武举制结束，前后经历二百五十余年。

"状元"一词始于唐代，也称"状头"，其时是指文科第一名，武科并无此说。"武状元"从宋代才开始有，宋仁宗天圣八年（1030），宋仁宗赵祯亲试武举，以武艺分高下，钦定一甲一名为张建侯（对于张建侯的事迹，史籍中仅有只言片语的记录，而他的籍贯、字号、生卒年等具体信息均不详），这就是中国历史上第一个武状元。一般认为，经过皇帝钦点的第一名才能称之为状元，皇帝钦点一般又在殿试（也叫廷试）环节，所以状元又别称"殿元"。

宋亡后，元代因不设武科，所以也就没有武状元。

明代的情况比较复杂，虽然文科从洪武时就已开科，但武科直到英宗天顺年间才起始,而且并无殿试环节。然而官修《明史·选举志》中却有这样的记载:"崇祯四年,武会试榜发,论者大哗。帝命中允方逢年、倪元璐再试,取翁英等百二十人。逢年、元璐以时方需才,奏请殿试传胪,悉如文例。乃赐王来聘等及第、出身有差。武举殿试自此始也。"后世很多学者多因循此说,认为明代武科自崇祯四年(1631)始设殿试环节。但考之明代档案等文献,可以肯定官修《明史·选举志》的说法并不准确。

崇祯四年十一月十六日,尚宝卿管职方清吏司事李维贞称:"案查节科中式武举,俱升署职二级,今照崇祯四年胪传武进士第一甲王来聘等三名、第二甲张国梁等十七名、第三甲黄忠等一百名,例应升授职级,但此事创格大典,与先年会武不同,授职似应优异。"(中国第一历史档案馆、辽宁省档案馆编:《中国明朝档案总汇(12)》,广西师范大学出版社,2001年版,第15—16页)此手本中所说的"创格大典"仅提及"胪传",并未说到"殿试"一事。再查当事人倪元璐的诗文集,他在《救四纍臣疏》中说道:"为试典告成,纍臣可念,恳乞圣慈,宏开法网,以章至仁事,蒙陛下郑重武科,创兴殊典,胪传之后,一时翕然以为得人最盛……"(《倪文贞奏疏》卷二,景印文渊阁四库全书本)这里提到"创兴殊典"也只说到"胪传",仍未提及"殿试"。再查《崇祯长编》,崇祯四年十一月丁丑,"武举传胪,帝升殿。"也丝毫没有提及武科殿试的事。另外明人杨士聪在其《玉堂荟记》中记载:"初议胪传武榜,谓殿廷不便于骑射,若止令对策,则与文试无异,故仍取原卷进呈。然自古临轩策士,未有不与试而仍用原卷者也。此制终属迁就,非确议也。"这里也明确指出此科武状元的产生,并未经过殿试。关于崇祯四年武科未行殿试的情况，学界已有专门的考证可资参考。(刘小龙、郭培贵：《明代武举未设殿试考》，《教育与考试》2014年第1期)

崇祯时期之所以"破天荒"开启武科钦点武状元的"创格大典"，是因为当时明朝的江山已经处于内忧外患、风雨飘摇之中，亟需提高武举的地位，以期能从武科考试中选拔将才而迅速派往前线沙场去挽救危亡。所以在武进士授职方面，比以往更加优待。在李维贞呈递手本后，第二天便得到了明确的答复："案查旧例，武举中式第一名，另加优异，应升授署副千户，其余武举，查有实职者，加升署职二级……今科中式武举，已胪传武进士，分有甲第，授职委应优异，相应参酌旧例，先行题请，合无将第一甲第一名授以署指挥佥事职衔，第二第三名各授以署正千户职衔，第二甲一十七名各授以署副千户职衔，第三甲一百名各授以署实授百户职衔。"(《中国明朝档案总汇（12）》，第21—23页) 按指挥佥事，秩正四品；正千户，正五品；副千户，从五品。可见这科武举第一名所授职衔比以往加升了两级，即由原授从五品的副千户改为升授正四品的指挥佥事。

虽然如此，但相对于清朝来说，武状元授职四品并不算高，因为清朝一般是授正三品。官修《明史·王来聘传》中说王来聘在被钦定为武状元后，"即授副总兵"，副总兵相当于清代的副将，秩从二品，级别非常之高，《明史》此说不知从何而来。《明通鉴》《明会要》《明季烈臣传》《陔余丛考》等史料文献均持此说。按《玉堂荟记》记载，王来聘先是"选得扬州游击"，"后升昌平参将"，游击在清代为从三品，参将为正三品，这个履历非常符合古代职官的升迁规律，所以应该是可信的，明人毛霦《平叛记》、王世德《崇祯遗录》等均记载王来聘曾任游击和参将，可资佐证。明末清初人谈迁在其《国榷》卷九十二中记载：崇祯六年五月丁未，"故□□□王来聘，赠都督佥事，世袭本卫指挥佥事。"（中华书局1958年版，第5610页）这里的"都督佥事"为正二品衔，正好比从二品的"副总兵"高一级，符合封赠惯例。所以这里所缺三字当为"副总兵"。而副总兵应是王来聘在山东登州进剿反将孔有德时所任武职，此在明末姜名武之子姜宗吕为其父所作《复请恤疏》（康熙《保德州志》卷十）中有明确提及，清人阮葵生在其《茶余客话》中说王来聘

"后以副总兵战死",也可资佐证。

关于明末武状元王来聘的谜团还远不止这些。王来聘为安庆府怀宁县人,原名王宋徐(怀宁县民间文学集成办公室编:《中国民间故事集成安徽卷·怀宁县民间故事集》,内部资料,1989年印制,第25—27页),家境贫寒,常受人奚落,因而愤慨出走,寄籍燕京(民国《怀宁县志》,卷三十四),后考中武状元,衣锦还乡,不过因为没几年便在山东登州为国捐躯,正如午夜天空划过的一颗流星,很快消失在静寂的夜空中,后来的人对于他的姓名、字号、籍贯、事迹等均无太多的了解。如康熙十四年(1675)《安庆府志》记载他是崇祯戊辰状元(这是他的同乡刘若宰中文状元的科次),寄籍山东(这应该是讹取了他的战死地点);康熙二十五年《怀宁县志》亦同。清初王源《居业堂文集》、官修《明史》、光绪《顺天府志》等均记载其为"京师人",这与怀宁民间传说基本一致。而今人潘荣胜所编《明清进士录》一书中说王来聘为隆庆五年(1571)进士,山西寿阳人,居京师,累官至副总兵,云云,这明显是将崇祯辛未武科状元王来聘与山西寿阳隆庆辛未文科进士王来聘弄混淆了。

关于武状元王来聘的事迹,从明末以来至今仍有非常多的讹误在流传。对于武状元研究的难度也由此可见一斑。历史上关于武状元的文献记载十分稀少,很难据之还原一个武状元的丰满人生,而这也是本书的价值和旨趣所在。

王来聘传 选自民国怀宁县志

明朝历史上第一个武状元。王来聘是崇祯帝选出来的武举。当时，明朝多战乱，破例将王来聘封为从二品的山东副总兵。王来聘在山东与孔有德作战时身亡。虽然史志中对王来聘有专门的记载，但并不能解开王状元身上的种种谜团。

怀宁县志 卷十七 总载 三

王来聘，京师人，按来聘怀宁人，据府县志。崇祯四年中武会试时帝锐意重武举子运百斤大刀者止来聘及徐彦琦二人而彦琦不与选，帝下考官及监试御史狱悉贬兵部郎二十二人遣词臣倪元璐等覆阅取百人视文榜例分三甲传胪锡宴以前三十卷进呈钦定一甲三人来聘居首即授副总兵武榜有状元自来聘始也。来聘既拜命泣然流涕曰上重武若此欲吾侪効命疆场尔不揣驱杀贼何以报上恩。明年二月以火药轰城城壤将士踊入轊为贼击退久不下。又明年来聘复先登中伤而死天子惜之赡赙有加 以上明史本传 清乾隆间修胜朝殉节录赐谥忠愍。

怀宁县志 卷三十四 杂记 四

王来聘未达时婿家富僮增三人其一亦富而王独贫婿翁悬弧之日王随例修谒筐匪欢薄衣衫褴缕翁以为辱不令前於诸增前堂後寝贺客充盈延席雜陳餚箸交錯擯翁王不得與焉。妻母憐之命獨置食於樓食王角黍上而忘進箸卽拔已髮上金刺耳令簽以食妻母去王慍怒簽一角黍食其半擲於盤而起下樓遁。次日妻弟至索刺耳王言在盤中角黍上弟王無之郎君如尚未易米也幸以返吾母王無以自明詣城隍廟誓焉為城隍神也平人諏良罪加等況號聰明正直而良莠不辨將入門而蹶傷領流血觀者謹然皆以為復何誓哉神降以竊物罰矣。王益不能自明卽明日遠發後籍燕京應武科以崇禎辛未狀元及第衣錦歸至婦家婦翁尙在曰吾此來專吾將以某日誓衆討而誅之。其夜城隍神見夢日若知前此入門而蹶之故乎若祕籍當日北方起衆不因陁惡能激吾故使功曹蹴若所以促若行下刻耳角黍之牛藏吾竈下也。中之嫗策不可思議如此千後於山左殉節 見明史列傳。

第二章 从乡间到殿堂——武状元的考试过程

武科考试的程序和内容，历代均有不同。本书是以清康熙朝武状元曹日玮为实例，来探讨与之相关的问题，因此主要以清初的时空维度作为叙事背景。

满人崇尚武功，尤精骑射，在其以武力夺取天下之后，一改宋明以文抑武的积弊，主张文武并重。清代武科考试始于顺治二年（1645），终于光绪二十七年（1901），前后经历二百五十多年，会试百余次，录取进士近九千人，其规模之大，制度之完备，都是史无前例的。

顺治二年，题准子午卯酉年十月举行武科乡试，京卫武生在兵部

操演技勇　选自点石斋画报。善扑是清代的一种跤法。图为清代"善扑营"在北京四牌楼军营操练的情景

康熙帝戎装图 清代宫廷画师意大利人郎士宁绘。满人精通骑射,在建立统一政权后,虽然在承平时期,帝王仍不忘习武,每年要率领王公大臣和八旗精兵前往位于承德的木兰围场射猎,史称『木兰秋狝』

乡试，直隶各府武生在保定府乡试，各省武生在本省布政司乡试，初九日试第一场，十二日第二场，十五日第三场；而会试则在乡试的次年，即辰戌丑未年九月。武乡、会试都分试内、外三场：首场马射；二场步射、技勇，为外场；三场策二问、论一篇，为内场。

康熙初年，边疆多乱，国家急需人才，因此康熙朝对武科十分重视：康熙三十三年（1694），为使武举会试未中而骑射称优的人才不致遗弃，命再行考试遴选充火器营锻炼；三十六年，康熙亲临紫光阁阅试武举骑射，并亲自发五箭示范；四十八年，谕八旗汉军参加武科考试以收八旗健勇人才；四十九年，准千、把总参加武乡试一次；五十二年为收文武兼备之才，准文武生员互试一次。

雍正元年（1723）命八旗满洲应试武科。乾隆元年（1736）准监生入武场。乾隆之后，清代各种制度基本定型。直至光绪二十四年（1898），推行了一千多年的武举制度举行了最后一次考试，由于内忧外患，加上武举考试所依托的冷兵器时代已经逝去，维新派等深感以前的弓、刀、石、马、步箭早已不适合时代的要求了，开始呈请改变武举旧制，改用枪炮试士，部议未允。

光绪二十七年（1901），终因武科考试的内容已与当时的兵事无关，而被永远停止。

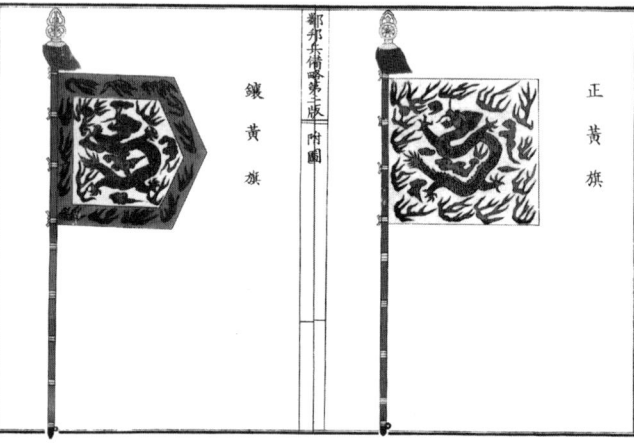

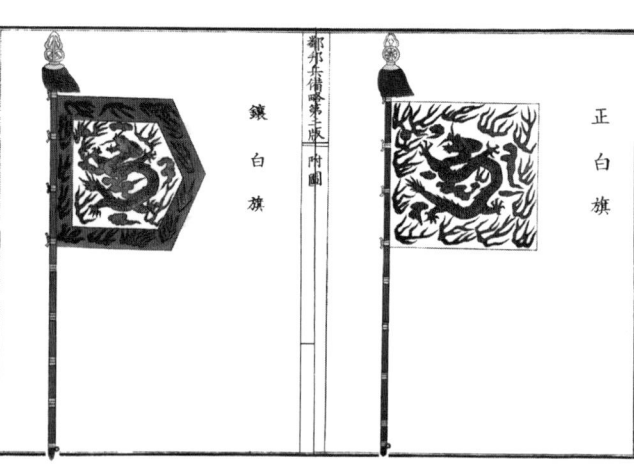

八旗军旗

选自日本福岛安正所著《邻国兵备略》。八旗又有上三旗与下五旗的区别。八旗的顺序是：正黄、镶黄、正白、正蓝、镶白、镶红、镶蓝八个部分。八旗又有上三旗与下五旗的区别。八旗的顺序是：正黄、镶黄、正白、正蓝、镶白、镶红、镶蓝八个部分。顺治七年（1650）年底多尔衮死后，清世祖爱新觉罗·福临为了加强对八旗的控制，对八旗的顺序进行了调整。由皇帝控制的镶黄、正黄、正白三旗，称为上三旗，到宣统皇帝退位时也没有改变过。清代的辖的正红、镶红、正蓝、镶蓝、镶白五旗，称为下五旗。从此八旗最终确定了下来，到宣统皇帝退位时也没有改变过。清代的武举开始时，并没有让八旗子弟参与。康熙帝时，尝试着让八旗汉军参与，满蒙人不允许参与武科考试。雍正帝时，满蒙人也开始参与武试，但雍正帝为了防止作弊，八旗满蒙停止了武乡、会试。嘉庆十八年（1813），又恢复了八旗满蒙参与武科考试

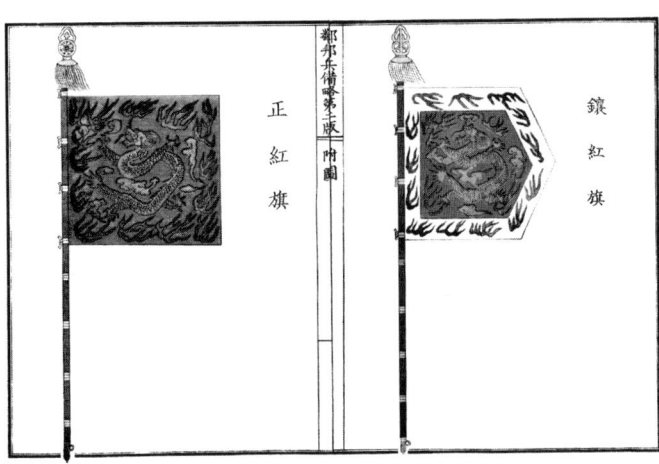
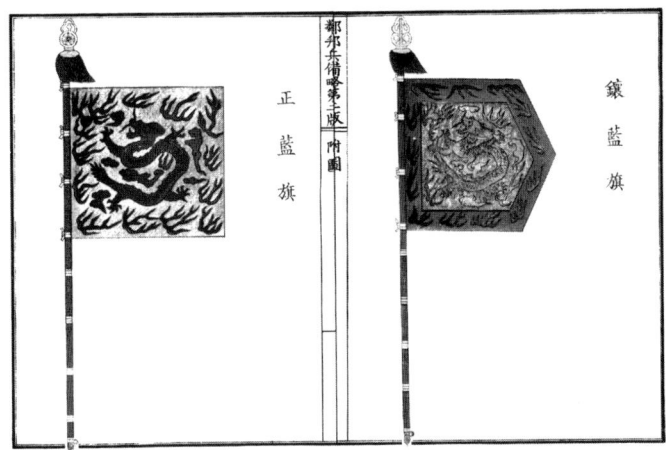

第一节 武艺与文艺——武状元"封神"之路

清代武科考试三年一次，为正科，遇登基之年或皇帝、太后大寿庆典，另加恩科。考试分四级进行：初级为童试，在县、府进行，考中者为武生员；第二级为乡试，在指定省城进行，考中者为武举人；第三级为会试，在京城进行，考中者为武贡士；第四级为殿试，也叫廷试，会试中式武举，经殿试由皇帝钦定名次。

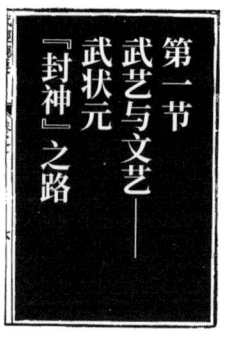

道光钦定武场条例 与文科举的钦定科场条例一样，钦定武场条例是武科考试依据的法规文件。学界多见的是清光绪年间纂修的版本

由于缺乏专门记载武科考试案例的资料，所以本书是从庞杂的《会典》等史料典籍中勾勒出清初武科考试的一个大概轮廓，再结合本书所研究的武举个案——曹曰玮的有关材料，使之显得较为有血有肉。所以在开始之前，有必要将曹氏先作一个简单的交待：曹曰玮，字继武，号秀山，祖籍安徽贵池，随父占籍顺天府大兴县(京卫)，生于康熙十年辛亥（1671），卒于康熙四十五年丙戌（1706）。其生平简历可以从志书中看出梗概，据康熙五十年《池州府志》卷八十一《武勋传》载：

曹曰玮，字继武，号秀山，贵池人。父光国，倜傥有大志，始仕不遂，乃游都门，占籍京卫，授一子以文，授一子以武。曰玮习骑射，兼通经史大义，卓荦超其群。康熙三十二年，年二十三，举顺天武乡试第一；三十三年会试中式，对大廷，弓马对策，莫与俦者，上于是亲拔置一甲一名，赐武进士及第，即授二等侍卫，直禁中；三十六年，随驾征厄鲁特，著勤劳，屡被内纻蟒衣果酒之赐；三十九年出为山西利民路参将，举卓异，推升浙江金华副将引见，赴京师，上以利民地方紧要，着以新衔留原任；四十四年，奉特旨迁陕西固原西路靖远卫副将，随丁内艰，着在任守制，四十五年春，即擢陕西兴安、汉羌等处挂印总兵官，令速赴新任，时汉江暴涨，州城被水啮尽圮，曰玮至官，日督军士昼夜巡防，致感寒疾卒，年仅三十六，归其丧贵池。上闻悼惜，赐祭葬如例。曰玮之在官也，克矢勤慎，而驭卒伍严而有恩，所拔必材勇果敢之士，不以私故，上欲大任之而未竟其用也，惜夫！

曹日玮画像

画选自安徽贵池缟溪曹家藏曹氏宗谱。这是乾隆年间纂修的家谱上曹日玮坐姿画像，胸口补子上画的是麒麟，表示其官阶为正一品。光绪年间续修的礼和曹氏宗谱上有曹日玮站姿画像。

日玮公像赞

皖娴诗礼亦诸孙吴

军营历冠士实双无

虎幡矫矫鸦翅乌

颁邀

春陔釜鬵镇名区嵑崩舆汉

默祝捐躯襄胡水涓

延撫孔劬心劳力竭

一病莫苏恭膺

卹典祭葬

恩殊乡贤荣祀追武名儒

族弟 曹文慧拜手敬题

一、走向"封神台"第一步：武童试

武童试三年举行一次，于学政到任的第一年举行。它和文童试一样，在县署报名，填写履历。先经县试、府试，然后由学政进行院试。顺治二年（1645）规定京卫武童每年春秋二季由兵部考试，康熙三年（1664），京卫武童并入顺天府考试，三年一次。顺治九年（1652）题

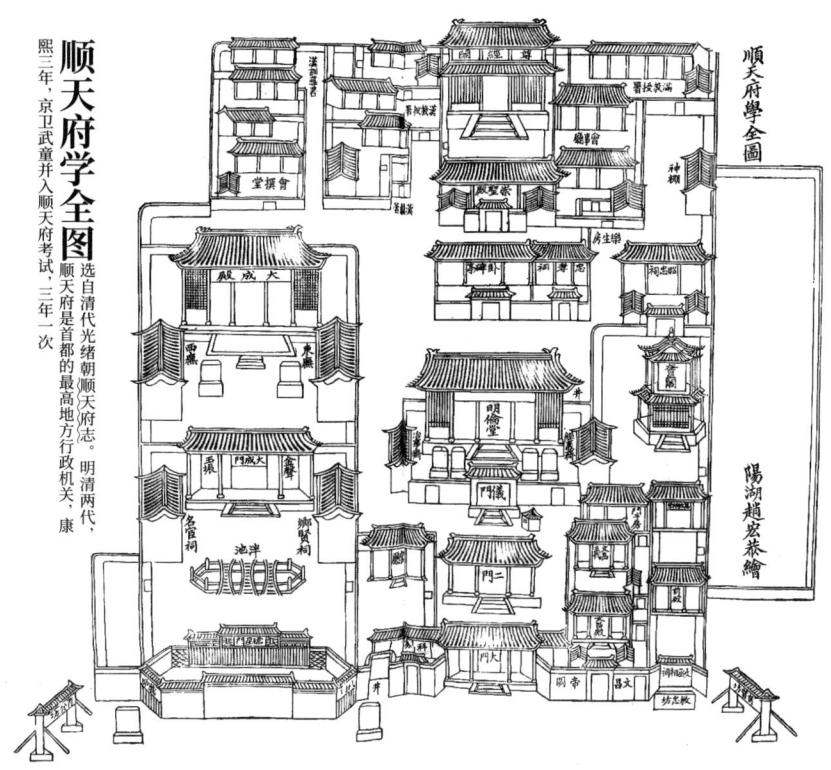

顺天府学全图 选自清代光绪朝顺天府志。顺天府是首都的最高地方行政机关，明清两代，康熙三年，京卫武童并入顺天府考试，三年一次

准武童试在文生童考试之后即举行。

考试分三场进行：头场马射，驰马发三矢，全不中靶的为不合式；二场步射，发五矢，中二矢及二矢以上的为合式；马步射合式者方可继续试开弓、舞刀和掇石。这是外场考试；三场原试策、论，后改默写《武经》，是为内场。内场考试由学政主持，外场则由各省总督、巡抚、提督、总兵官选就近副将、参将或游击一人会同学政主持考试。

院试揭晓后，学政将新录取的武生造册呈报兵部，同时将录取名单转发各武学，无武学处，附文学教官管辖，该教官造册移送同城武

旗童校射 选自《点石斋画报》。八旗子弟为当时社会的特殊阶层，由于他们偏于骑射，不擅长文字，所以参加武科考试的情况十分复杂

偃武修文 选自点石斋画报。图为粤东新宁县武童甘国华武备考试之后的文考情景

职，每月在各学射圃会同考验弓马，并教以《武经》《百将传》《孝经》《四书》。照文生例，以下届新生到学为期满。期满后，仍按时督课，雍正五年（1727）议准，如有骑射不堪，文理荒疏及品行不端者，许该教官详请学政褫革。武生初不得挂名营伍，如滥收入伍，该营将弁并该学教官一并参处。

武生岁考，也同文生，三年一次，欠考三次以上，即行黜革。无故临场不到，即行黜革。如系游学未归，患病未痊，可以申报展限。等病痊回籍，进行补考。倘文艺较优，不能骑射，准其告退，与文童一例考试。雍正五年议准，年老武生，不能骑射，即给予衣顶，归州县管辖。

武生举优，于学政三年任满时举行。雍正十一年（1733）定，由本籍教官开单申送，学政出具考语，汇题送部，到部时，礼部考试文艺，兵部考试骑射，具奏请旨，升入太学，准作监生。

八旗汉军应试武科，始于康熙时，满洲始于雍正元年（1723），因非武科主流，此不详述。

本文研究的武举人物曹曰玮参加武童试的具体情况，因无相关资料可参，无法作出相应论述。但从《池州府志》等史料提供的信息看，曹曰玮获得了顺天府大兴县籍，所以在顺天府参加考试取得资格后，按例应进入京卫武学学习。

京卫武学始设于明初，清初沿袭 [据康熙二十四年（1685）《大兴县志》记载："京卫武学，明朝属兵部。春秋二考，应考者系锦衣等卫，七十八卫所籍贯子弟。乡试为京卫武举，独为一榜，不与外府同。自我朝康熙三年四月，武库司汉郎中王天成、满洲员外色黑建议，归并于顺天府。尚书明安达礼、梁清

武童试

选自《中华武科试实则》,吴友如画宝。清代武举初试的叫武童。三年一考。规定武童报考时,要如实填写履历,不能顶替冒籍,而且要身家清白才可以报考。世人常以为一介武夫目不识丁,从图中可以看出,其实不然,除了外场武艺是硬道理外,内场书法文章也不示弱

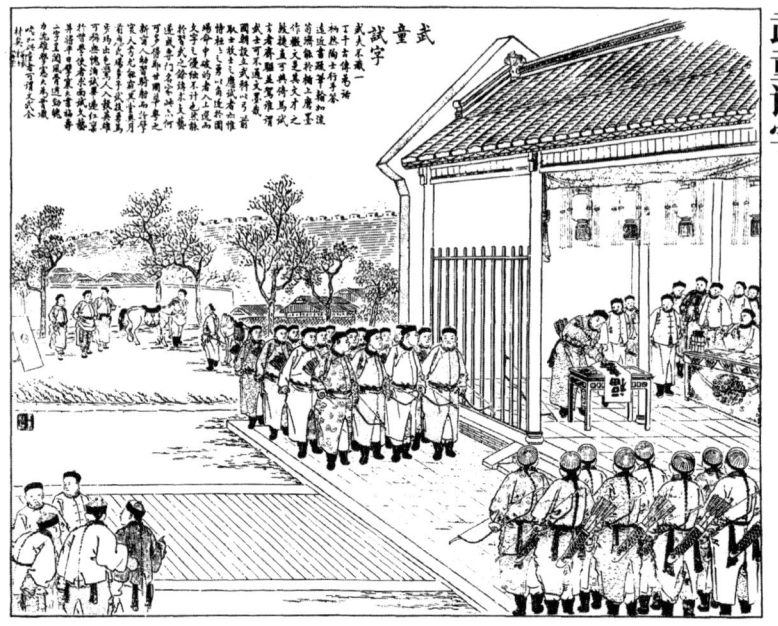

标题请：直隶各省考取武生，俱照文生例，学道三年一考，今京卫武生，臣部停考，应照直隶各省例，归并顺天学院，三年一考可也。奉旨：依议。其学宫公署在禄米仓隔壁，殿庑衙舍，鼎革以来圮坏不堪，惟存基址。其官，教授一员，训导一员。有四斋：曰居仁，曰由义，曰崇礼，曰弘智。斋各一长，考试，令其保结出考童生"]，至雍正时期曾改为顺天府武学，随即裁撤武学，武生改为在儒学学习。曹曰玮便在京卫武学里学习骑射、兵书及儒学经典，因成绩优异，被允准参加顺天府的武乡试。

有传说曹曰玮小时候曾在老家池州府的大教场习练武艺，目前没有找到文献依据。从《曹氏宗谱》所附墓图看，曹曰玮的墓园正好遥对大教场，或许传说是根据于此。

二、走向"封神台"第二步：武乡试

顺治二年（1645），题准子午卯酉年十月举行武科乡试，京卫武生在兵部乡试，直隶各府在保定府乡试，各省武生在本省城乡试，由该州、县给文赴布政司衙门投呈，造册汇送监临主考官考试。十六年定直隶各府、奉天府及各卫武生统归顺天乡试。兵生与拔补外委，由本营官出具印结，抚标中军加结，并取同考五人互结详送。顺天外场，钦简大学士、都统四人为考试官，会同兵部侍郎、顺天府尹、府丞及御史分闱考试，乾隆五十三年（1788）并派皇子大臣监同阅看；内场简用翰林院官二人为正副考官。各省以该省巡抚为监临主考官，如有总督省份，则以总督为监临，巡抚为主考，内场选科甲出身之同知州县四人

顺天贡院全图 选自顺天府志

武人野祭 选自《点石斋画报》。图为湖北武生参加乡试之前，在郊野祭祀鬼神、祈求好运的情景

为同考官，外场约会近省之提督、总兵官一人同考，或提镇路远，委副将一人代之。

乡试场期。雍正《大清会典》卷一百三十五《兵部·武举武生》载："凡场期，顺治二年题准……十月初九日第一场，十二日第二场，十五日第三场。""康熙五十六年覆准，武闱乡试，比照会试之例，亦于初七日开弓，十三日入闱。"而乾隆《皇朝文献通考》卷五十三《武举》则为："康熙五十六年，定初九日至十三日试骑射、技勇，十四日入闱。"查《清实录》："康熙五十六年十一月丁丑，兵部议覆顺天府府尹俞化鹏疏，

五马齐翻

选自《点石斋画报》。为湖北武乡试中马箭头场出现踩踏冲撞事件

言顺天武乡试旧例自十月初九日试骑射技勇，至十三日考完，十四日入闱，止余半日，诸务忙迫，请照会试例，于初七日校射，十三日入闱，时日宽余，骑射技勇得以详细选拔。应如所请从之。"故当以《会典》所载为是，但乡试场期常有临时变故，不能一一考究了。

乡试分外内三场进行。顺治二年（1645）定，首场马箭，纵马三次，射毡球；二场步箭射布侯，均发九矢，马射中二，步射中三为合式，再开弓、舞刀、掇石以试技勇；三场试策二问论一篇。顺治十四年，定马射以中四者为合式，步射以中二者为合式；十七年，马箭筑堤射毬，步箭射小靶，高五尺，阔一尺，以三十五步为例，并停试技勇。康熙七年（1668）定马射中三步射中二为合式。康熙九年，谕停筑堤射马箭，令置毬于平地。康熙十三年定马射树立三靶，以席筒为之，距三十五步，纵马三次，发九中三矢为合式，不合式不得试二场，步射树大侯，高七尺，阔五尺，距八十步，中二矢为合式，再试以八力、十力、十二力之弓，八十斤、一百斤、一百二十斤之刀，二百斤、二百五十斤、三百斤之石。弓要开满，刀要舞花，掇石须离地一尺，三项至少要能做到一项方为合式，不合式者不得试三场。康熙三十二年，步射改树的距五十步，中二矢为合式。乾隆间，复改三十步射六矢中二为合式，马射增地球，而弓、刀、石三项技勇，必有一项系头号、二号者，方准合式，遂为永制。

三场即内场，外场结束后，"入闱"试策论，地点在贡院，清初，试策二篇，论一篇。顺天乡试由内场考试官出题，各省由巡抚出题。内场论题，初用《武经七书》。康熙四十九年（1710），太原总兵马见伯奏称《武经七书》注解互异，请选定一部颁行，康熙认为《武经七书》文义驳杂，不能皆合于正道，令大学士等对《武经七书》加以区别选择，并增用《论语》《孟子》出题。嗣后考试武生童作论二篇（一出《论语》《孟子》，一出《孙子》《吴子》《司马法》，即《武经三书》），时务策一篇。乾隆时裁《四书》，只留《武经》论一篇、策一篇。

武乡试放榜后，中榜武举赴"鹰扬宴"，"鹰扬"，盖取"鸟鹰击空""我武维扬"之意。清人吴荣光《吾学录·贡举》："武乡试揭晓翌日，燕监射、主考、执事各官及武举于顺天府，曰'鹰扬燕'，仪与'鹿

纪鹰扬宴 选自点石斋画报。清代时，乡试放榜之后，考官和考中武举者皆参加宴会庆贺，称为"鹰扬宴"。此为威武如鹰之飞扬之意，源于《诗经·维师尚父·时维鹰扬》之句，既有对新科武举人的勉励，也是考官们的自诩。

鸣燕'同。"燕，同"宴"，文科称"鹿鸣宴"。

康熙三十二年癸酉（1693）十月，顺天府武科乡试如期举行，曹日玮以京卫武生身份在顺天府参加考试，初九日试马射，十二日试步射、技勇，十五日试策论，曹日玮在这科考试中一举夺魁，中武解元，此科在顺天府参加乡试的直隶考生共录取一百零八名（康熙二十六年所定数额）。《池州府志》载："日玮习骑射，兼通经史大义，卓荦超其群。康熙三十二年，年二十三，举顺天武乡试第一。"

关于曹日玮参加这科武乡试的具体情况，没有文字资料可参，我

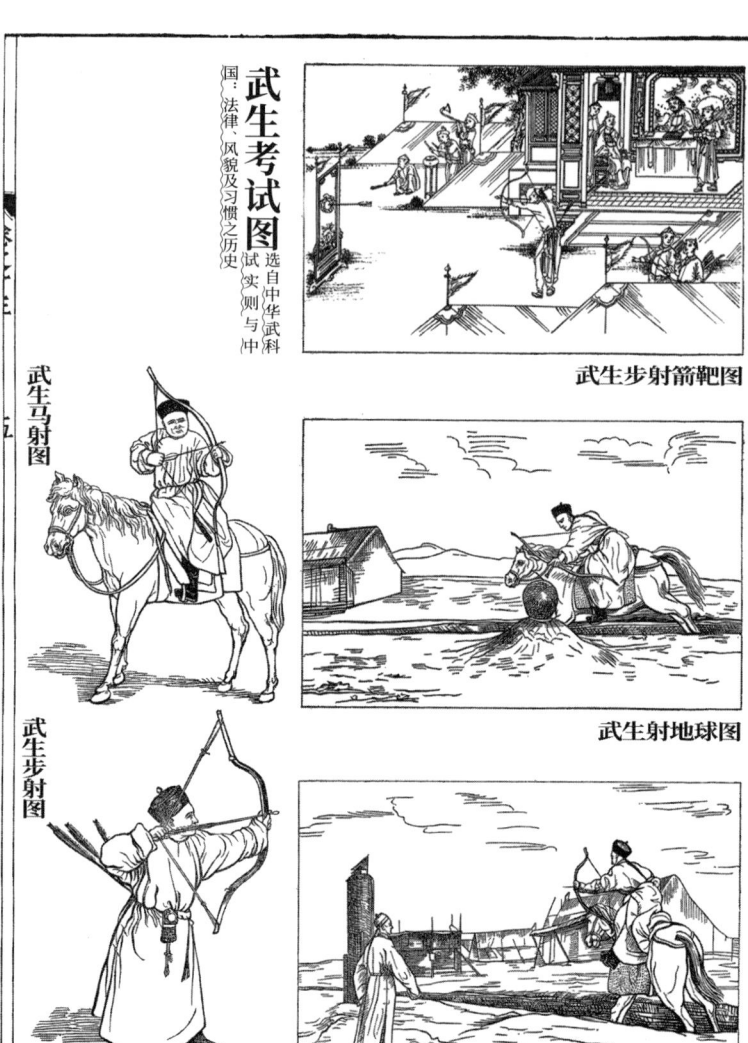

武生考试图 选自中华武科考试实则与中国：法律、风貌及习惯之历史

武生步射箭靶图

武生马射图

武生射地球图

武生步射图

武生马射筒靶图

在采访贵池曹氏族裔时，听当地老人们讲述，说是当年曹曰玮在考场中与另一位武生竞争，那位先出场，把石狮子（老人先说是石锁，按清武举制，外场掇石，就是掇"石礩子"，长方形，腰间有插手处）举起来绕考场一圈，曹曰玮上场，也举起狮子，但想到若是再举一圈也不算赢，于是就把狮子放在另一个狮子上，想想怎么个赢法，而那人却以为他是要把两个狮子都举起来，赶紧上前表示主动放弃。

武科外场考试，马步射要求选手射艺娴熟，而开硬弓、舞大刀、掇巨石则要有强健的体魄才能胜任。曹曰玮虽生于南方，但能在此科一举夺魁，肯定文武才能突出。文的方面，从《池州府志》的记载"曰玮习骑射，兼通经史大义"及曹曰玮会试答卷可以看出；武的方面，据曹曰玮会试卷载："身中、面紫、无须。"这是典型的江南人特征，但不知他怎能以中等身材而超越孔武有力豪杰之士，我想定是有天生的神力或者其他过人之技。

这科顺天武乡试的乡试录未见存世，其主考官等具体信息已无法获知。不过分考曹曰玮一房的"座师"是苏伟，苏伟，字汉声、茂弘，号济夫，山东武城人。据王士禛《勅授徵仕郎中书科掌印中书舍人茂弘苏君墓志铭》记载："康熙壬子，以选拔贡入太学。乙卯举顺天乡试。辛未始举礼部，成进士。癸酉，授中书科中书舍人，顺天武闱分考……其分考顺天武闱，得曹曰玮为解首，明年状元及第。"（《王士禛全集》，齐鲁书社，2007年版，第2207—2208页）王士禛在墓志铭中还提到："君宠生之中，游太学，以豪侠闻南北，齐赵间称黄中先生。有丈夫子六人，而中书君最长。君讳伟，字茂弘，一字济夫，自其少，魁梧岸异。"说明苏

弓箭马步练法

选自清代《兵技指掌图说》。此书为嘉庆八年（1803）癸亥科翻译进士讷尔经额所著。讷尔经额曾先后任山东巡抚、湖广总督、直隶总督、文渊阁大学士等职，曾节制黄河南北军队阻止太平天国北伐，很注重武备，故撰此书。清代考武科试的人员一定要学习弓、刀、石、步箭、马箭等技，以博取功名。图为马箭马上练法。

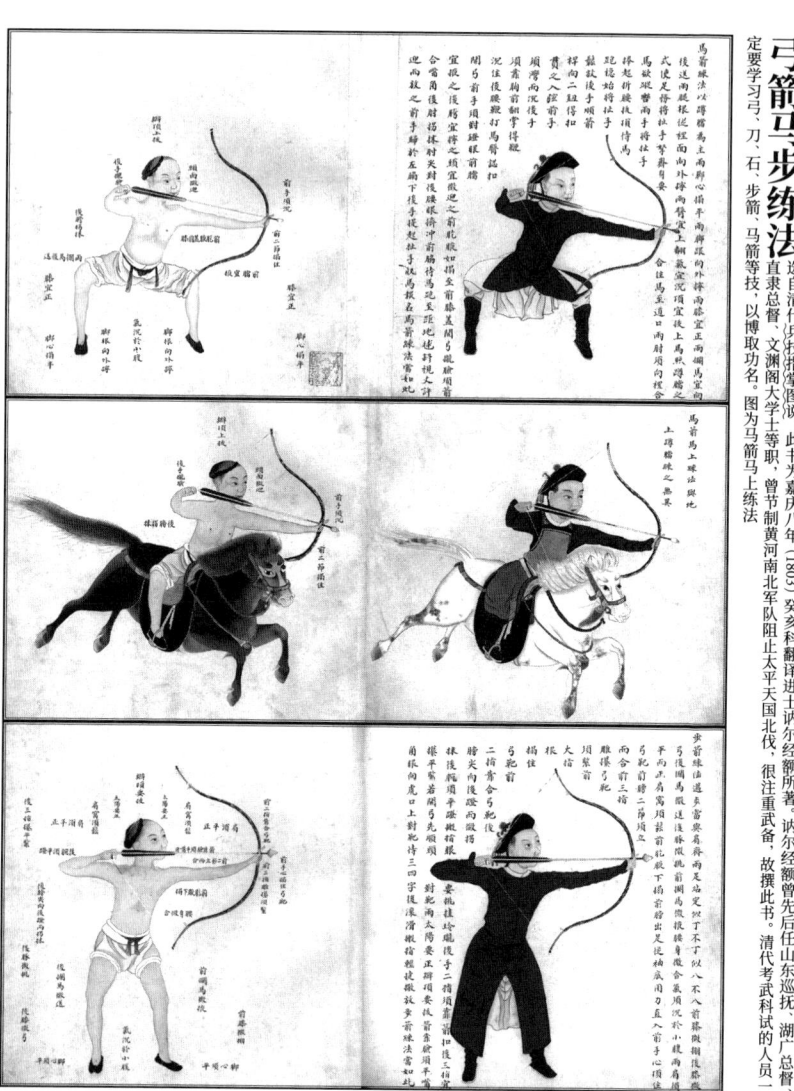

伟父子都是豪侠之文人,都在顺天府的太学里学习过,因此很有可能与曹曰玮家族相识,且都是兼通文武之人。

顺天府(京闱)武乡试,顺治二年(1645)定,以兵部右侍郎和启心郎为主考官,内院大学士和兵部满汉堂司各员为监射官,兵部司属各员为同考官;顺治十六年定,钦点翰林官二员为正副主考,监察御史二人监射,小京官进士出身者四人为同考官,顺天府堂官为提调。顺天癸酉科武乡试的同考官苏伟正是"小京官进士出身者"。

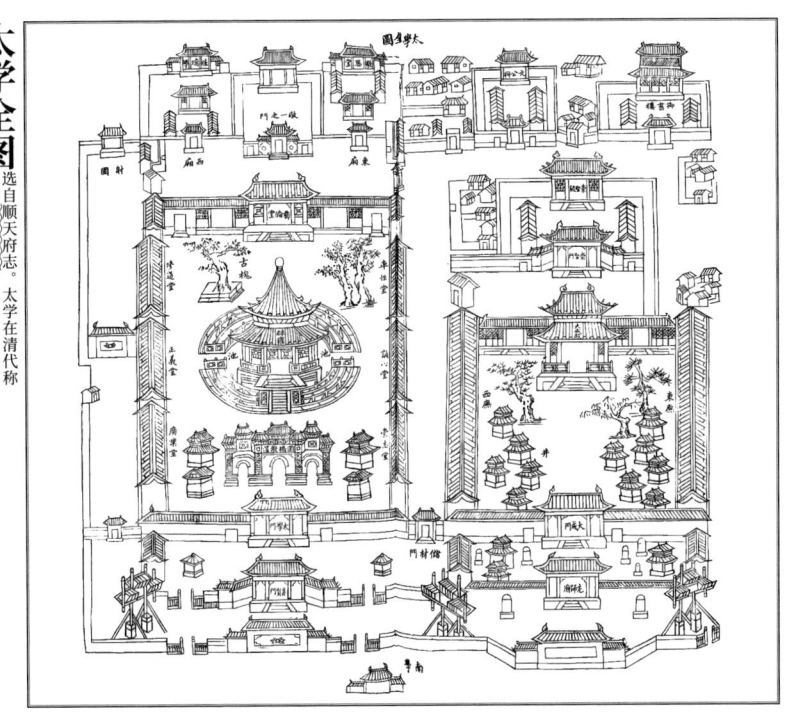

太学全图 选自顺天府志。太学在清代称为『国子监』,是古代的大学

乾隆叁拾陆年辛卯科順天武鄉試題目

第叁場

論

策

以力久以氣勝

問自古論將之說或以為設施方略悉由天東不可以學致霍去病名將也而不學孫吳或謂讀書益人神智故吕蒙學問之後才識增長將略優是二說者孰為善歟治兵之道訓練為先古者兵農未分故習兵於蒐獮狩二者轨為善歟治兵之道訓練為先古者兵農未分故習兵於蒐獮狩皆在農隙唐宋以來兵農各異始可行日操之法是其兵之疆當倍於古而後乃不勝其奬者其故何在夫操練之法自古稱善然如趙充國諸法詳備授之營伍遂可使有勇而無怯有彊而無羸乎抑在行此法者之實心任事方可收折衝禦侮之實效歟至屯田之法今新疆屯政地葛亮羊祜杜預韓重華之徒或不久即撤或僅行之內地若今新疆屯政地在萬里之外而為
國家久遠之儲其道實有超越千古者諸生亦嘗識其理而能言其故歟
皇上盛業邁於隆古威稜懾乎遐陬陬部落葡匐偕徠舊服者歌仁新附者景化
文武具修兵食交足諸生幸際
昌辰以干城自期於是數端必素習而深思之矣尚悉陳所得焉

三、走向"封神台"第三步：武会试

顺治二年（1645）定，逢辰戌丑未年举行会试，为正科。以兵部左右侍郎一人为知武举，御史四人为监试，兵部满汉司官各一人为提调，外场考试官四人，以大学士、都统钦简，会同兵部尚书、侍郎及御史分闱考试，内场正、副考官二人，以内阁、六部、都察院、翰林院、詹事府各堂官钦简，同考官四人，以进士、举人出身之中书、给事中、郎中、员外郎、主事简派。

会试场期，顺治二年定，九月初四日在部筵宴外场考试等官，初九日试第一场马射，十二日第二场步射，十三日筵宴内场考试等官，十四日内外场考试官一同在部筵宴，十五日第三场策论；康熙二十三年（1684），定会试于初六日筵宴监射大臣等官，初七日至十二日考试马步射及技勇，十三日筵宴主考、知武举等官入帘，十四日外帘各官编号点名，十五日考试策论。

会试地点，在京城举行。会试之年，各地方官具结呈送布政司，省督抚请咨发司，限四月后八月十五日之前发给武举文批及盘费，赴部查验。顺天武举由顺天府给文；八旗满、蒙、汉军在京由该管本旗都统给文，驻防由该省将军、副都统给文；千把、总及巡捕营兵丁之中武举者由各该管衙门给文。康熙三十六年定，各省武举来京，如过九月初五日投文者，不准会试。会试也分外内三场进行，其规则一同武乡试。

康熙三十三年甲戌九月，曹曰玮在去年中顺天府武解元之

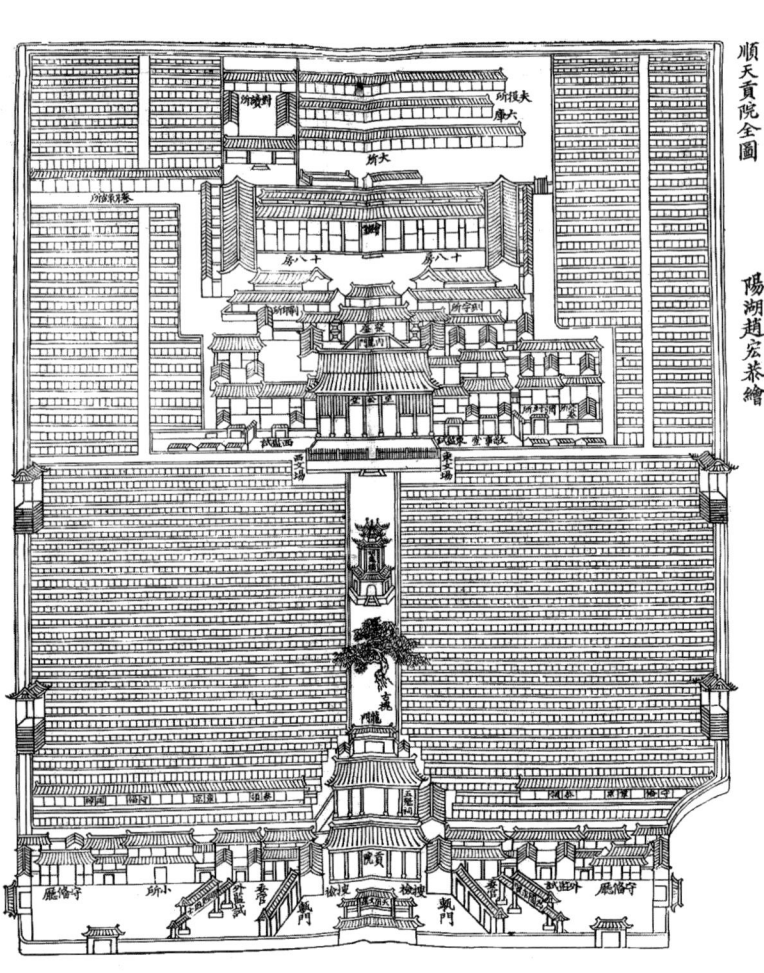

顺天贡院图 选自日本《唐土名胜图会》。顺天贡院是重要的科举考试场所,不仅有写实图画流传,还有较多近代照片存世

后，参加了甲戌科武会试，初九日试第一场马射，十二日第二场步射、技勇，十五日第三场策论。查中国国家图书馆藏曹日玮会试卷（此件原著录为光绪时期考试卷，2004年2月19日本人查阅此件时提示国图进行了更正）及中国第一历史档案馆藏《甲戌科武会试录》，可知第三场策题第一问是关于安邦之策，第二问是关于阵法，论题是"用兵之具尽于人事"，而曹日玮会试名次是第三十六名。

曹日玮的会试墨卷能流传至今，确实是一件值得庆幸的事，现将其外封及答卷内容转录如下：

第三场
第三十六名　西宙字七号
一名曹日玮年岁二十身中面紫无须系
顺天府大兴县人中式癸酉科第一名武举

第一问

自古帝王之治天下也，有文事者必有武备，而训练之道，可不讲乎？盖兵之强，非无自而强也，必积之久而后有莫犯之威；兵之弱，亦非无自而弱也，必弛之深而后有莫振之形。惟不尚节制之文，而克尽教养之实，使其日趋于强，而不流于弱，则武备之道而巩固之谟亦在其中矣。我皇上文德诞敷，武功赫濯，服三王未服之人、宾五帝未宾之地，荡平之盛，从古未有，正偃武修文之日矣。而执事犹以训练下询，岂非安益求安，治益思治之深心乎？

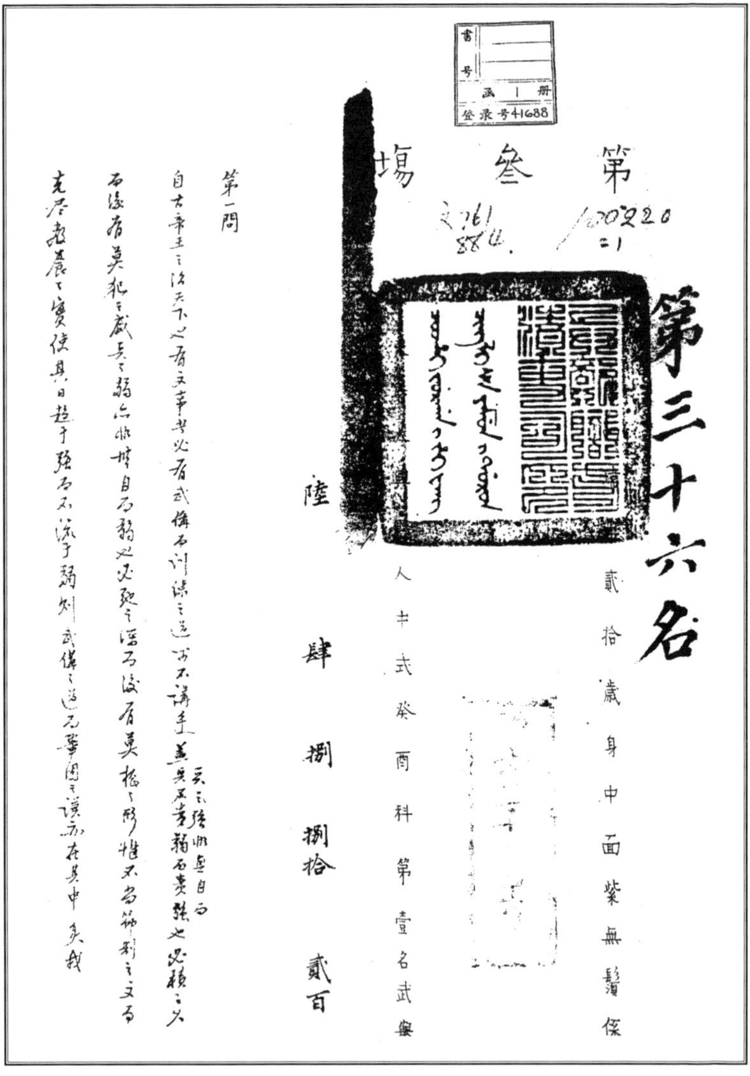

曹日玮会试墨卷

中国国家图书馆藏。此为试卷封面及曹日玮手书墨迹，其字蝇头行草、铁画银钩，绝不像世人所认为的武人目不识丁

第三十六名

場 參 第

陸 貳拾歲身中面紫無鬚係

肆 捌 捌拾 貳百

人丁式癸酉科第壹名武舉

第一問

自古帝王之治天下必有文事必有武備石訓練之道不講丰羞不足以弱不收其自石豁沙以聖澤不沒有呉起之彤性不為淦利之文為克居熟農之實使其日趋于陸石不流于弱則武備之道不舉固之讃而在其中矣我

夫八旗将士，时加训练，固已超越乎虎贲羽林矣，而在外之属、在戎行者，保无有懈忽之心乎？保无有苟安之念乎？保无有知安而不知危、能逸而不能劳乎？承平之际大率皆然，而顾可不思训练之欤？愚以谓欲无积弛之渐，当尽训练之实，欲尽训练之实，存乎训练其人，此其间不当问之兵而当问之将，何也？有良将而自无弱兵也。使为将者，不以教阅为虚文，而以教养为实事，不以老弱充行伍，而以精壮彰军实。于是讲步伐之制而彰军令，严教戒之规而明罚敕法焉。且练其聪明足以察旗鼓之节，练其忠义使足有尊君亲上之诚，则无在非精实之兵，平居可壮干城之望，无往非锋锐之旅，临敌自成山岳之威。然又贵为将者，训练之有方，教戒之有术，必使兵精而不逞，咸知有谦恭揖让之风，务使兵多而不骄，尽皆有鼓腹嬉游之象，将见在在皆锋锐矣，处处皆坚壁矣，随地若金汤、若磐石矣，又何边隅之足患哉？此文事之所以必有武备也夫。

第二问

尝观古人之阵法，论之者不一人，著之者不一书，而揆厥本原，总归于一心之变化而已矣。何则？用兵者法也，而所以用法者心，惟心与法相通，可取古法以运我之法，可取我法以神古之法，并可变古人之法而自出其法，则无心之非法，而不虑其难通，无法之非心，又不虞其偏执，则古人之阵法，可一以贯之矣。

请复执事之问：夫阵何昉乎？黄帝立丘井以制兵，阵法遂为兵法之祖。至春秋战国，或以鱼丽奏绩、或以鹅鹳成功，嗣武侯演之为八门，卫公变之为六花，孰非本此以见方略之奇者也，然总归于一心也。明甚，虽然，离阵以为用，则散而失律者，既不克荷长子之任；泥阵以为用，则胶于一定者，又终难奏师中之捷，何也？拘古法而隐其聪明者，迂也！向使阵法而可尽拘也，则井田之后，不必复有九军方阵矣，八门之后，又不必复有七军圆阵矣，何怪乎赵括之徒，读父书，而不能决胜于长平也乎！甚矣，骠骑方略之言，武穆运用之说，诚不易之定论也。夫心者法之主，阵者心之用，心以主乎内，而法以神乎外，故见乎外者，至不一之法，而宰乎内者，至一之心，惟心主乎法之中，则用权谋而权谋胜，用阴阳而阴阳胜，用地形而地形亦胜，何也？心即法也，法即心也，神而明之，存乎其中耳。然总在为将者，诚能读书穷其至理，稽古考其大端，以之用兵，自能随机应变，动合时宜，不然，亦安望有说礼敦诗之风流，有勇知方之猛厉也哉？

用兵之具尽于人事

圣王之立制，寓兵于农之中，而农事即为兵事之用，不胜怅然叹曰：何其规法尽善乃尔哉？夫天下之患，莫患乎民不知兵，尤患乎民知有兵：民不知兵，其势必流于弱，不可得而用，民知有兵者，势必至于扰，亦不可得而用。故古之圣王，知兵不可不用，而又不得不藏用于民之中，举凡攻围击刺之用，而耕凿之内，悉足以罄之，此诚安不忘危之至计也。昔太公《农器篇》，既言战攻守御之具，尽在乎人事，而历历言之矣，而又结之曰，用兵之具尽于人事，乃或者疑之，疑夫三师六师不一其形也，而皆可以人该之，独是一言兵具，则固有所为兵具者，而至于人事，不过耜举趾之勤劳已耳，夫何与于兵具？主伯亚旅不以其兵也，而皆可以仁该之，独是一言人事，则固有所为人事，而至于兵具，不过穷兵黩武之流风已耳，夫何与于人事？若然，人自为人，兵自为兵，各不相合也，兵具自为兵具，人事自为人事，而不相谋也。而曰用兵之具尽于人事，此曷以故？不知人之外无所为兵，而人事之外别无所谓用兵之具。故吾之将不必选也，吾之吏尽皆将也；卒不必练也，我之民尽皆卒也；器用不必备也，我耒我耜尽之矣；壁垒不必设也，我疆我理尽之矣；糗粮不必镪也，我黍我稷尽之矣。力农之具，即奋武之具，分田治地之具，即鞠旅陈师之具，无事则负耒以耕，有事则荷戈相从，有兵之实而无兵之名，此诚安不忘危之至计也。噫！周以农事开基，其为农事立法者诚详且备，无非修井田之制，为容民蓄众之规，此保世所以滋大也，后之穷兵者，以兵事而妨人事，曷不观先王寓兵于农之道而废返哉？

《甲戌科武会试录》内容依次为：主考官王揆序，诸职官名目（知武举官王维珍等），三场考试题目，一百名中式武举的次第、姓名及籍贯，策论选卷，后序（后有缺页）。

为方便起见，笔者将一百名中式武举的相关信息制成表格，由于会试录缩微胶卷多处模糊不清，笔者通过查检史志文献对其进行了校正，并补充部分人士的履历等情况。

康熙甲戌科武会试中式名录

名次	姓名	生源地	任职情况	备注
1	倪锦	浙江萧山县	湖南抚标中军左营参将	改姓邬
2	李应源	江南华亭县	安徽抚标右营游击转升参将	
3	谢伟	江南高邮州	广东东莞守备	
4	沃亲臣	浙江萧山县	江西袁州守备	
5	蒋镇图	湖广安陆县	履历不详	
6	李周	直隶河间府	江南溧阳守备	
7	王选	浙江萧山县	江南盐城守备	
8	黄光	江南休宁县	履历不详	
9	陈循	江南怀宁县	江南溧阳守备（未就任）	甲子科江南武乡试解元，殿试第九名
10	张玺	顺天宛平县	湖广衡州协都司	
11	陈正谏	直隶保安州	广西思恩府中军守备	宣化人
12	徐天凤	江南泰州	四川戕边营游击	雍正《扬州府志》记为康熙丙戌科武进士
13	陈国蕃	浙江归安县	履历不详	
14	蔡廷	浙江仁和县	湖广郧阳协副将	丁卯科浙江武乡试解元
15	宰采	江南上元县	江南太湖营守备	
16	胡昊	浙江归安县	浙江台州守备	
17	潘溶	浙江昌化县	广东右协镇标左营游击	
18	林鸾	江南桐城县	广东肇庆守备，山东济南都司未就任	
19	张松年	直隶宣化县	履历不详	
20	庄望雷	福建南靖县	广东南澳镇左营游击，陕西镇安游击	
21	莘琦	浙江乌程县	陕西洵阳县七里关营守备	
22	汪国柱	湖广汉川县	江南徽州新安营守备	
23	李珩	湖广监利县	履历不详	康熙《监利县志》记为康熙庚辰科武进士
24	孙可宗	江南全椒县	陕西兴安司司，军功补陕西南冈营协镇	癸酉科江南武乡试解元（榜名孙永清）
25	潘昇	江南全椒县	贵州大定府中营守备	民国《全椒县志》记为康熙辛未科武进士

26	仝若鲁	山东郓城县	湖广永定卫守备	
27	臧泰乾	浙江分水县	陕西靖远卫守备	
28	王陈典	浙江桐乡县	履历不详	省府县志均未载其进士信息
29	尤毅	浙江秀水县	江南安庆营右军守备	
30	孙鹏	江南靖江县	履历不详	
31	汪瀚	浙江遂安县	履历不详	光绪《严州府志》、民国《遂安县志》记为康熙丁丑科武进士
32	吕荣登	江南歙县	履历不详	
33	王文龙	江南仪真县	广东南澳左营守备	
34	卫邦幹	广东南海县	履历不详	本姓蔡,原籍番禺
35	马季祥	顺天宛平县	甘肃平凉城守营游击	
36	曹曰玮	顺天大兴县	陕西兴汉镇总兵	江南贵池人,癸酉科顺天武乡试解元,殿试一甲第一名
37	沈兆熊	浙江桐乡县	履历不详	本姓冯
38	周用祯	江西乐安县	浙江衢州府参将	原籍福建建宁,地方志载名"周用桢"
39	陆震	浙江海宁县	履历不详	
40	李奉威	江南丹徒县	直隶通州左营守备,宣化镇标右营中军守备	
41	聂必升	江南滁州	履历不详	
42	李其武	湖广黄冈县	陕西绥德城守营守备	庚午科湖广武乡试解元。《徽州府志》《休宁县志》记为休宁流口人,《扬州府志》《仪征县志》记为仪征人
43	刘约	山东昌乐县	湖广襄阳府均房营守备调云南守备署参将	
44	武英	陕西榆林卫	履历不详	
45	陈季琬	江南徐州	江南兴武卫守备	
46	李孟贲	江南凤阳县	甘肃丹山卫守备	志书载作"李梦赉"
47	郑明	顺天宛平县	顺天府密云石匣副将	

48	苏廷珍	江南如皋县	在家养母未出仕	
49	余植	江南黟县	山东莱州鳌山卫守备	
50	刘之韬	湖广监利县	守备	丁卯科湖广武乡试解元
51	程远	浙江乌程县	陕西镇安守备	殿试三甲第一名
52	罗鋐	浙江归安县	广西上林守备	直隶人
53	黄一栋	顺天宛平县	山西大同镇中军守备	
54	侯永吉	顺天大兴县	江南江阴守备	
55	刘光裕	江南江宁县	甘肃临洮卫守备	或即"刘尚裕"
56	佘建	江南铜陵县	福建漳州府海澄营中军守备升泉州府提标左营都司	
57	刘惺	湖广荆门州	广东英清守备	府县志作"雷惺"
58	佘先勋	江南铜陵县	浙江台州府守备	
59	钱兆京	顺天宛平县	履历不详	
60	曹志宁	江南歙县	履历不详	
61	许忠	江南江浦县	履历不详	
62	窦澎	江南江宁县	四川普安营守备	
63	张英年	浙江海宁县	山西神池堡守备升参将	本姓严
64	陈飞	福建罗源县	广西柳庆协中军管左营守备	
65	胡士冕	江南绩溪县	贵州遵义守备	
66	殷绍选	浙江海盐县	隐居不仕	
67	徐起龙	江西上饶县	山东兖州营守备	金溪人
68	丁文元	浙江乌程县	湖广宜章营守备	
69	高石麒	浙江长兴县	四川夔州右营守备	
70	孙靖	江南休宁县	四川达州营游击	
71	朱斌	浙江诸暨县	江南松江府金山卫中军守备	
72	萧麒	浙江秀水县	广东将军标前营守备	
73	范龙文	江西高安县	履历不详	庚午科江西武乡试解元。志书又作"范文龙"
74	冯再兴	山东济宁州	履历不详	道光《济宁直隶州志》进士科目作"马再兴"
75	樊大纲	江南江都县	福建抚标中营副总	
76	高坤	山东临清州	湖广抚标游击	

77	朱映奎	陕西宁夏卫	广东香山协中军左营守备	志书又作"朱应奎"
78	张应炤	湖广长沙县	河南守备	
79	宋应桂	江西于都县	奉母隐居龙岗	庚午科江西武乡试第三十名，殿试三甲第八名
80	何日华	福建侯官县	四川马边营守备	
81	孙韬	江南怀远县	未出仕	
82	李悦心	云南河阳县	湖广常德水师营中军守备，都司	癸亥补行辛酉科云南武乡试解元
83	朱色正	陕西宁夏卫	陕西靖远卫副将	殿试二甲第一名，志书又作"朱正色"
84	裴鳟	湖广武陵县	广东黄岗协副将	癸酉科湖广武乡试解元
85	钟宁	山东滕县	陕西固原卫守备	
86	郭功懋	江南旌德县	湖广荆州水师营守备管参将事	省府县志均作"郭懋功"
87	金炳	江南高邮州	江南崇明中营守备	
88	张彪	江南巢县	履历不详	
89	丁沂	江南江都县	侍卫，湖广督标中营中军副将，湖广靖州协副将，福建延平协镇副将	有志书称其为武探花
90	周来茹	河南夏邑县	守备	
91	孙三策	山东聊城县	履历不详	省府县志武进士科目未载
92	阮洪义	福建台湾县	履历不详	海澄人
93	赵连玺	山西太谷县	江南仪真卫守备	
94	李根润	顺天大兴县	云南永顺镇总兵	
95	丁爽	陕西宁夏卫	河南南阳总兵	癸酉科陕西武乡试解元，殿试一甲第二名
96	韩佐	江南亳州	履历不详	
97	缴煜章	顺天宛平县	山西参将	康熙丁丑武科殿试一甲一名
98	石钧	湖广武陵县	甘肃抚标右营游击	殿试一甲第三名
99	杨九叙	山东济宁州	履历不详	
100	高世定	江南武进县	福建漳州镇总兵，补授正红旗汉军副都统	

关于这年武会试的结果，康熙帝曾谕大学士等："朕阅今年武闱试录，浙江人中式者多，山西、河南两省各中一人，如此恐致遗失人材，武进士之文不过熟记成语、抄写旧套而已，论文取中必致不均，而人才亦多遗失，必以马步箭俱优、人才出众者为佳耳。"(乾隆《皇朝文献通考》卷五十三《武举》)因此参考文科举分区定额的模式，确定以后武科举也分为南北卷：将直隶、山东、山西、河南、陕西定为北卷，取中五十名；将江南、江西、福建、浙江、湖广、四川、广东、广西、云南、贵州定为南卷，取中五十名。

分析《甲戌科武会试录》可知，正如康熙帝所言，本科中式武举中南方考生占了七十六人，北方仅二十四人且名次比较靠后，而北方考生中顺天府又占了九人，顺天府不乏从南方过来寄籍的考生，而前十名当中有八位是南方考生，所以大概有百分之八十左右的中式武举都是南方考生。南方考生主要以文科见长，而清代武科考试早期恰恰又是以文章优劣作为排名次的主要参考依据，这明显不利于以武艺见长的北方考生，且与武科考试本来应该以武艺分高下的自然原则是背道而驰的，所以康熙帝在发现问题的严重性之后，断然做出了重大决定，这也高度体现在了本科殿试之中。

曹曰玮作为北方考生中的南方人，因在北方习武，显然是以武艺见长，而又"兼通经史大义"，说明在文科方面也不算弱，只是肯定比不上以文见长的南方考生，所以在会试中只得屈居第三十六名。

甲戌科武会试的主考官是王揆(《清实录》："康熙三十三年甲戌九月己卯，以户部右侍郎王揆为武会试正考官，翰林院侍读学士顾祖荣为副考官。")，他与曹曰玮的哥哥曹曰瑛

康熙帝便装写字像 清宫廷画家绘,北京故宫博物院藏。清康熙帝、乾隆帝尤其重视对汉文化的汲取,尤为突出。康熙帝很喜欢书法,他请当时的翰林沈荃教他书法,并自学明董其昌字体。康熙帝曾说:"听政之暇,无间寒暑,唯有读书写字而已"。

江南贡院正门图

出自徐励《中华文科试实录》。江南贡院是清代科举考试的重要场所,不仅有图画,还有照片传世,而且其部分建筑仍存于世

王掞画像

曹谱王序或为王掞手迹影刻,不过印章字体刻反,当为失误。王掞为明代首辅王锡爵曾孙,康熙九年(1670)进士,官至文渊阁大学士。后来,参与立储事被康熙帝问责。雍正帝即位(1723)因病告辞,六年(1728)病故,年八十四岁

关系密切。据缟溪曹氏家谱记载，曹日瑛曾打算续修宗谱，并于康熙三十八年己卯（1699）请太仓王掞作谱序，王在《赠缟溪曹氏重修宗谱序》中称："余自幼访友至九华，遥望西围，山皆秀丽，其西一带，更觉磊落，绵延不尽，意必有国家栋梁之材产于其间……迨至康熙己卯春，与渭符季兄同在直庐，退食之暇，偶然叙起故乡住址，而渭符年兄乃正居九华西偏。余不禁喟然叹曰：'季兄所居非即余昔年在九华遥望不舍之处耶？'……季兄昆仲一为太史，一为殿元，皆发迹于此，所谓'地灵人杰'，信不诬矣！"这已是曹日玮中武状元之后的事了。

王掞（1645-1728），字藻儒，江苏太仓人，康熙九年（1670）进士，曾祖父王锡爵为明万历二十一年（1593）的文渊阁大学士、首辅，二人均为朝廷一品大员，故人称"祖孙宰相""两世鼎甲"，锡爵子王衡和孙王时敏又荫赠一品，因此，又称王家"四代一品"。《清史稿·列传七十三·王掞》："三十三年，迁户部侍郎，直经筵。三十八年，调吏部……四十三年，擢刑部尚书……五十一年，授文渊阁大学士，兼礼部尚书。"王掞为康熙、雍正两朝的重要人物，按科举惯例，曹日玮算是王的门生，王后来虽然官至极品，曹日玮从宫廷侍卫到成为一品武官，但从有关资料并不能看出这对座师和门生之间存在什么特别亲密的往来，只是因为曹日玮的兄长曹日瑛与王掞曾同朝为官且关系不错，才曾经请王为《曹氏宗谱》作序。

清代严禁朋党，但是科举考试自然产生一种流弊，就是考生与主考官之间的所谓"师生"关系，文科考试尤为突出，为此，朝廷曾严令中式者与考官拉关系，皇帝还亲自主持最后的考试——殿试，以示被录取者均为"天子门生"，从而淡化社会上座师与门生的关系。

武举比试组图

出自中华文科试实则，中国：法律、风貌及习惯之历史及五车楼三订武经入学第一明解定本等古代武科考试辅导书中有大量的外场考试图解考试现场留下了相当丰富的绘画资料，尤其是在古代武科考试辅导书。武科

武举步射现场图

武举开弓图

武举步射图

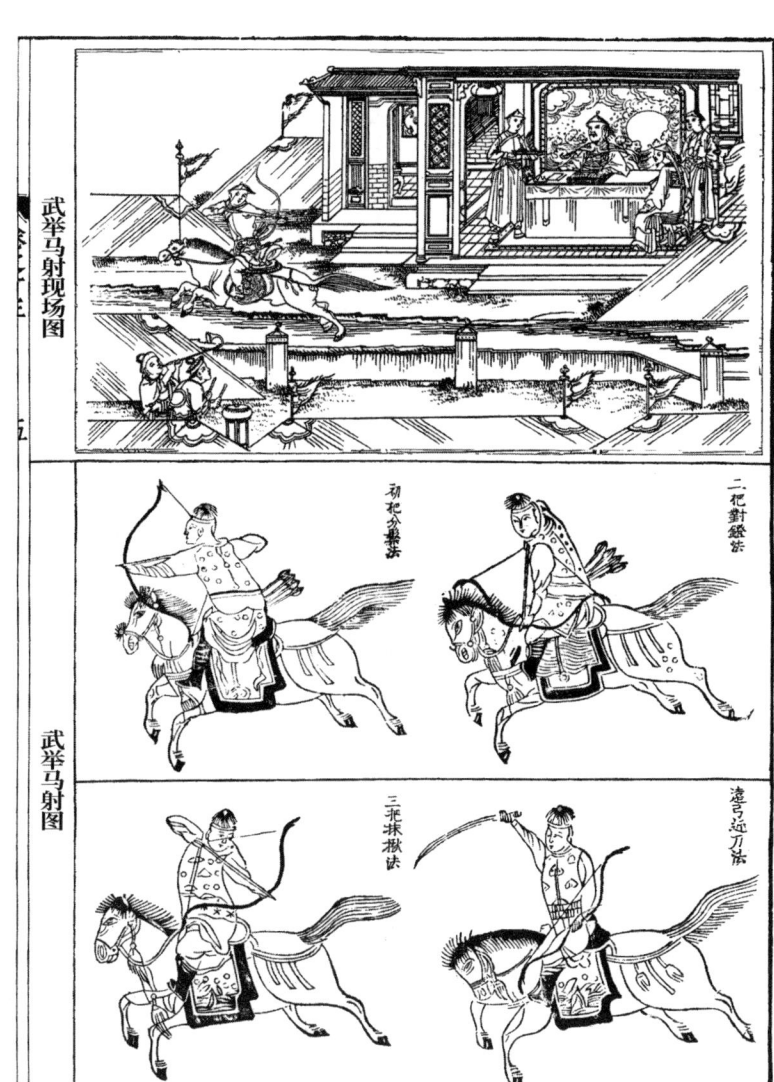

四、登上"封神台":武殿试

殿试亦称廷试。顺治二年(1645)定,会试之后,即于十月内举行殿试,由有关部门将殿试策文及考试马步射、弓刀石和传胪日期拟定上奏,皇帝将于开始之日亲临西苑中南海紫光阁阅黄册,考试马射,第二日考试步射及开弓、舞刀、掇石(不久改为第一日考试马步射,第二日考试弓刀石),第三日皇帝钦定甲第,交读卷官填榜传胪。一甲三名赐武进士及第,二甲若干名赐武进士出身,三甲若干名赐同武进士出身,一甲一、二、三名分别称武状元、武榜眼、武探花。关于武殿试的场景,乾隆时鄂尔泰、张廷玉等编纂的《国朝宫史》卷五《典礼一·紫光阁武试仪》一节中有详细记载。

殿试提调官以兵部满、汉堂官职官开列,读卷官四人从内阁、吏户礼刑工五部及都察院、通政使司、大理寺、翰林院、詹事府各堂官内选取,监试官以都察院御史任,掌卷、受卷、弥封官以内阁、翰林院、詹事府、六科及兵部司官、笔帖式任,巡绰官用銮仪卫,填榜官用内阁中书或兵部司官、笔帖式,印卷官用兵部司官、笔帖式,供给官用光禄寺官或兵部司官、笔帖式。

殿试日期,临时由部请旨决定,初定于十月初四日试策一道,初五、初六日试马、步箭及开弓、舞刀、掇石。地点或在瀛台,或在景山,由兵部在考试之前请旨定夺,康熙四十五年(1706)之后,地点或在畅春园西厂。

康熙三十三年十月初,来自全国各地的新科武举会集紫禁城,准

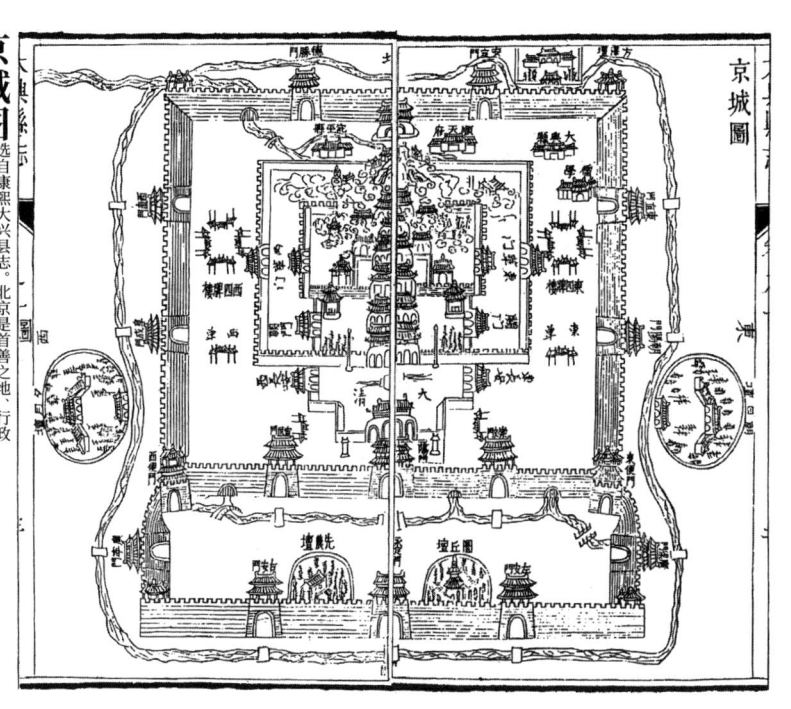

京城图 选自康熙《大兴县志》。北京是首善之地、行政中枢,也是科举考试最高等级的角逐之地

备参加由皇帝亲自主持的武科殿试,为争夺武状元、武榜眼和武探花而摩拳擦掌。本届武会试第一名(会元)倪锦及在各省武乡试中曾获第一名(解元)的武举等上百人齐聚京城,这其中就有康熙癸亥补行辛酉科云南武乡试解元李悦心、甲子科江南武乡试解元陈循、丁卯科浙江武乡试解元蔡廷、丁卯科湖广武乡试解元刘之韬、庚午科湖广武乡试解元李其武、庚午科江西武乡试解元范龙文、癸酉科江南武乡试解元孙可宗、癸酉科湖广武乡试解元裴鳟、癸酉科陕西武乡试解元丁爽,

等等，个个出类拔萃，阵容十分强大。曹曰玮虽然是癸酉科顺天武乡试解元，但他在武会试中只得了第三十六名，要在皇帝面前与全国的武林高手再来一次巅峰对决，心底实在没有太大的把握。虚龄才24岁的曹曰玮，血气方刚，斗志正盛，他并没有因此失去夺魁的信心，毕竟自己习武十几年，身上凝集了家族和师友们太多的期望，他不能轻言放弃。十月初四日，内场考试如期进行，武举们在太和殿答卷，当时具体情形不得而知，但据安徽怀宁德星堂陈氏族谱记载，陈循考试结束后，卷子恰巧落在宰相张英之手，张英认为陈循的文章好，拟荐为状元。其子张廷瓒私下向陈循透露了此信息，陈循心下窃喜，以为夺魁大有希望。殿试策问所试题目按文科殿试之例标目进呈，由皇帝钦定，殿试前一日在内阁刊刻题纸，临场散发。值得庆幸的是，陈氏族谱中收录了这次殿试的策题。

皇帝制曰，朕惟自古帝王，抚御区夏，有文德以昭怀保，即有武卫以致敉宁，其时将皆黑虎之才，士尽干城之选，用能有同德协心，共成茂理，甚盛轨也。朕勤求郅隆，文武并重，于封疆大吏加意遴擢，而提镇诸臣亦咸慎重其选。比年以来，召见阅试，凡有才技，足录不简。于朕心每思兵民之辑睦，必由文武之协和。何道而使共事一方者各殚厥心，交相勉励，公忠奉职，偏私悉化欤？将领者士卒所托命也，必威德交孚，信义素著，俾其下如子弟之卫父兄，手足之捍头目，而后可以收折卫冲侮之效，则所以结其心而作其气者，其道安在？抑为将者，赏罚无私，抚绥有术，斯偏裨知所效法而士卒咸深爱戴欤？文武一德，则疆圉被宁谧之休；将士一心，则师旅壮赳桓之势。尔多士讲习于斯者素矣，其各抒所蕴，详著于篇，朕将亲览焉。

康熙三十三年十月初四日

话说怀宁德星堂陈氏，近代出了一位曾任道教协会会长、号称"当代太上老君""仙学巨子"的近现代道教领袖人物陈撄宁，陈循就属于这个家族。

陈循(1650—1714)，字奏言，号梅溪，本来喜欢文科，但是他的兄长习武，硬要他也走武科道路，兄弟二人在省府县考试中屡屡名列前茅，数一数二。康熙二十三年（1684），正值乡试之年，然而兄长却在出游江苏时去世，留下一个七岁的儿子。陈循遭此打击，其时老母也有六十岁，他只得在家安慰老母，抚养侄儿，不打算参加三年一次的科举考试。奈何他的老师非要他参加本年的乡试，不得已只得含泪前往南京。由于悲伤过度加上疏于练习，在考前演练中才勉强能够骑射。十月初九头场骑射差点误事，因马匹不合适，陈循不愿上马，最后在怀宁同乡的帮助下勉强为之，谁知就这样稀里糊涂地所射全中。到了内场策论，这是陈循的特长，安徽巡抚薛柱斗对他的文章大为赞赏，遂选拔为第一名举人，即"解元"。在科举时代，考中解元，那可是轰动性的大新闻，据说之前陈循在那里演练的场地就

武榜眼李锡命殿试卷

韩玉山藏。这是乾隆四十九年（1784）甲辰科武殿试李锡命对策答卷，可见其书法比较工整

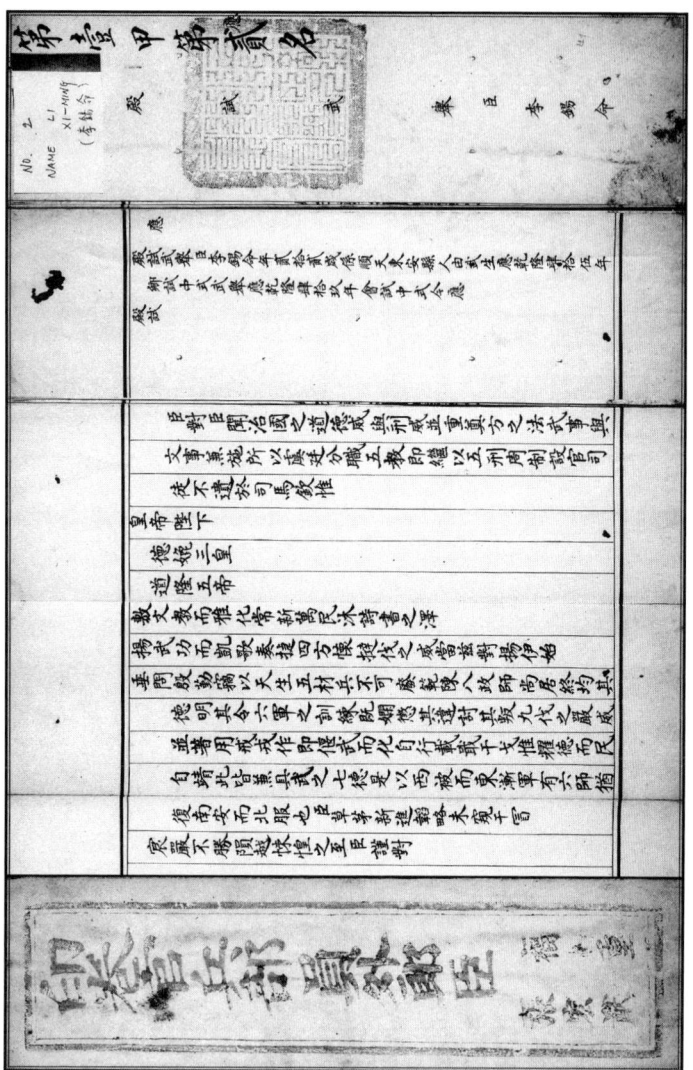

被当地人改名为"解元巷"。然而陈循并未因此大肆张扬，只是回家继续奉养老母抚养侄儿，续修家谱，一待就是七年，直到康熙三十年（1691）才又赴试一次无果。到了康熙三十三年时，逢甲戌科会试，陈母虽已年届七旬，但此时身体已康健，陈循才振奋精神决定北上京城参加会试。这次会试比较顺利，当时考官王掞将其取中为第九名贡士。

殿试策问之后，便进入武艺考试，陈循此时虚龄已四十五岁，在体能上已经无法再与年轻气盛血气方刚的年轻人相比，但其雄心不减，信心满满。

十月初五日，为第一次外场考试，据《康熙朝起居注》记载，"初五日己亥，是日，部院各衙门奏章俱交送内阁。巳时，上御瀛台紫光阁，读卷官大学士伊桑阿、王熙等皆赐坐。亲试中式武举骑射，毕，又试步射、开弓、舞刀、掇石。申时，回宫。"

十月初六日，为第二次外场考试，据《康熙朝起居注》记载，"初六日庚子，是日，部院各衙门奏章俱交送内阁。巳时，上御瀛台紫光阁，读卷官大学士伊桑阿、王熙等皆赐坐。亲试中式武举步箭、开弓、舞刀、掇石，毕，上选其骑步射、技勇之优者曹曰玮等十一人，复命其骑射三周、步射二周，定其次第。乃命侍卫张文焕射，射毕，上曰：张文焕乃前科所取鼎甲，其射甚优。内大臣索额图奏曰：张文焕系皇上选取之员，其射素优，近在侍卫中得蒙皇上教诲，所以其技更进。上又命兵部取十二力弓、十力弓、八力弓列御案前，兵部侍郎朱都纳奏曰：今年武举四千余人，无有能开此十二力弓者。上命侍卫那拉善等开十二

紫光阁试武进士 选自日本唐土名胜图会。中南海紫光阁是清朝皇帝殿试武进士和检阅侍卫大臣的地方。武进士考的是马步弓石、策论等项目，相当于现在的国防大学（或军校）毕业生，考取后根据各个朝代的实际情况分配职位。清朝的武会试共举行过一百一十二科，录取了九千余名武进士。光绪二十七年（1901）废除武举

力弓，皆能开，命之射，皆中的。又命侍卫开十力八力弓，无不能开者。上曰：开八力弓乃常事，不足道也。申时，上回宫。酉时，上御乾清宫西暖阁，读卷官大学士伊桑阿等以卷子进呈御览，上命拆弥封，钦定曹曰玮等十名次第，其余照读卷官等所拟。上曰：会试武举但就文章定其去取，则骑射、技勇优长之人多被黜落，于人材甚为可惜，此番会试未曾取中者，若有骑射娴熟、情愿效力，令其于兵部具呈，朕欲再加阅试，择其材力壮健者留于火器营效用，庶人材不致遗弃。伊桑阿等奏曰：皇上爱惜人才之盛心，无微不周，伊等得早于营伍效力，及其锋而用之，人心益知奋勉矣。"

紫光阁功臣像 乾隆皇帝为了宣扬「十全武功」，每次派兵出征、平定叛乱之后，都要下令为征战中的功臣绘制画像，并将它们悬挂在中南海紫光阁内，称为「紫光阁功臣像」。据有关专家考证，紫光阁功臣像总计二百八十幅，但目前知道存世的仅二十幅。除少数几幅私人收藏外，大多数为世界各地公私博物馆收藏。我们所选的图均从世界各地博物馆收集而来

紫阁元勋

哈国兴 回族,清朝将领。武艺高强,英勇善战。平常练功时,经常使用一百二十斤大刀、一百三十斤铁鞭、三百六十斤石锁。清乾隆十七年(1752)武进士,初任三等侍卫,授三等侍卫。二十年,发往云南,以游击用,在战斗中,不断地立功,官至提督,卒于小金川军营,为平定金川前五十功臣之一

原参赞大臣西
安提督哈国兴
中土回人性多拳
勇哈其大族每出
梓种向略趋拉厦
肇险要中道病殂
成功未告
乾隆丙申春
御题

領隊大臣甘州
提督閆相師

簿庫車門石著杙
頷屼不為動觀者
舌咋葉羌之役虜
撟充批雄姿偉幹
足鎮闐西

乾隆庚辰春御題并書即以賜之

閆相師 行伍出身，为雅尔哈善部将，官至领队大臣，甘州提督，后加赠太子太保衔，为平定西域后五十功臣之一

官五福 为雅尔哈善部将，官至领队大臣，肃州镇总兵，为平定西域后五十功臣之一

巴宁阿

领队大臣察哈尔总管、坤都尔巴图鲁，从征准噶尔部在巴里坤阵亡，为平定西域后五十功臣之一

原领队大臣察哈
尔总管坤都尔巴
图鲁巴宁阿
见贼报怒如刺必拔
战布拉齐矢石交戛
奋身挥突竟殒贼中
阮露叛首祭以报忠

乾隆戊辰春御制并书
勒葆贊

巴岱 黑龙江署领、额尔克巴图鲁，为平定西域后五十功臣之一

署氶領額爾克
巴圖魯巴岱
搴博羅特賊魁莫
遁追捍和闐獨入
其郭墜馬驍騰裹
創草草猶左右射
應絃輙倒

乾隆庚戌春御題即集舊作中句

勒敏贊

成都将军法什
尚阿巴图鲁云
骑尉鄂辉
无前出力屯练之
兵将军鄂辉实率
以行覆穴摧壘到
震功成勇而有谋
覃国之英
乾隆戊申孟夏
御题

鄂辉 成都将军、法什尚阿巴图鲁、云骑尉；满洲正白旗人，官至云贵总督，曾参与镇压白莲教

车木楚克扎布

参赞大臣,喀尔喀扎萨克多罗郡王,蒙古喀尔喀赛音诺颜部人,后授所部副将军,为平定西域后五十功臣之一

参赞大臣喀尔喀
扎萨克多罗郡王
车木楚克扎布
朔方薄衛忠悃凤敦
牧烏梁海颇脫氣吞
更蹴叛魁青滾雜卜
五等院崇三遷彌速

乾隆庚辰春 御讚

三等侍衛克得
爾巴圖魯哈木
圖庫

喀喇烏蘇挽達克
山轉戰廿一目無
險艱顯號載膺宜
克得爾用勵顏行
成勞是紀

乾隆庚辰春御題

哈木图库

三等侍卫,克得尔巴图鲁,为平定西域后五十功臣之一

达克塔纳 头等侍卫,墨尔根巴图鲁,为平定西域前五十功臣之一

头等侍卫墨尔
根巴图鲁达克
塔纳
库车围攻命守要
害侦贼来援周防
以待贼邻乃前贼
前乃邻引至大队
是朕是膺
乾隆庚辰春
御题

直隸正定鎮總
兵嵩安
宜喜從征黙兵是
飭克達爾圖鎗傷
右肋得楞捷奏賞
懋勞宣陟險屢戰
身上凌烟

嵩安 直隸正定鎮總兵，為平定金川後五十功臣之一

坚木参那木喀

木坪土司,藏族,四川宝兴穆坪镇人,参与平定金川并立功

木坪土司坚木
叅那木喀
木坪土司踴躍従
戰来我軍營督勵
兵弁其衆劾命奮
不顧身名與紫閣
凡若而人

三等侍衛克什
克巴圖魯伍克
什爾圖
預軍門選聯鑣致
書緘頭幾萬翩如
入虛達阿克蘇跡
將及膝鉛彈在背
至今未出

伍克什尔图

三等侍卫，克什克巴图鲁，为平定西域后五十功臣之一

现场考试项目结束后，皇帝亲自选定曹曰玮等十一人再次测试他们的骑射和步射功夫以确定名次。这十一人当中应该有陈循，按陈氏家谱记载，当时皇帝现场确定了名次。外场考试结束后，皇帝移驾乾清宫拆阅内场试卷，钦定前十名名单，其余按读卷官所拟名次排序。曹曰玮被钦点为武状元，从会试第三十六名跃居第一名；而陈循虽然文场成绩显著，但因武场成绩排名靠后，所以只获得了第九名（即二甲第六名），与会试名次相同。

对于这个安排，皇帝还特别作了谕示，说以后武科考试不能仅凭文章决定名次，而要重视骑射武艺。关于这个重大调整，除了上面《康熙朝起居注》的记载外，康熙实录也有记载："冬十月……庚子，上御瀛台紫光阁阅试武举骑射技勇，谕大学士等，天下武举会试者，或其人材可用，骑射亦优，而以不合式之故遗而不录者有之，朕意殊为悯惜，令兵部宣示，有愿效力与再试者，具呈候该部请旨再行考试，遴选交火器营，令其服习戎事，于会试时照常考校，既晰知其人亦便于拔取，有超群者，即与录用，如此则人材不致遗弃，于考试良有裨益矣。"

乾隆《皇朝文献通考》卷五十三《武举》也记录了这个事件："朕阅今年武闱试录，浙江人中式者多，山西、河南两省各中一人，如此恐致遗失人材，武进士之文不过熟记成语、抄写旧套而已，论文取中必致不均，而人材亦多遗失，必以马步箭俱优、人材出众者为佳耳。"武科考试为抡才大典，为国家武备干城之选，康熙朝边陲多变，为收罗军事人才，安定内忧外患，

康熙帝西征图

清禹之鼎、王翚绘。此画描绘的是康熙三十五年（1696）玄烨亲征厄鲁特噶尔丹事迹

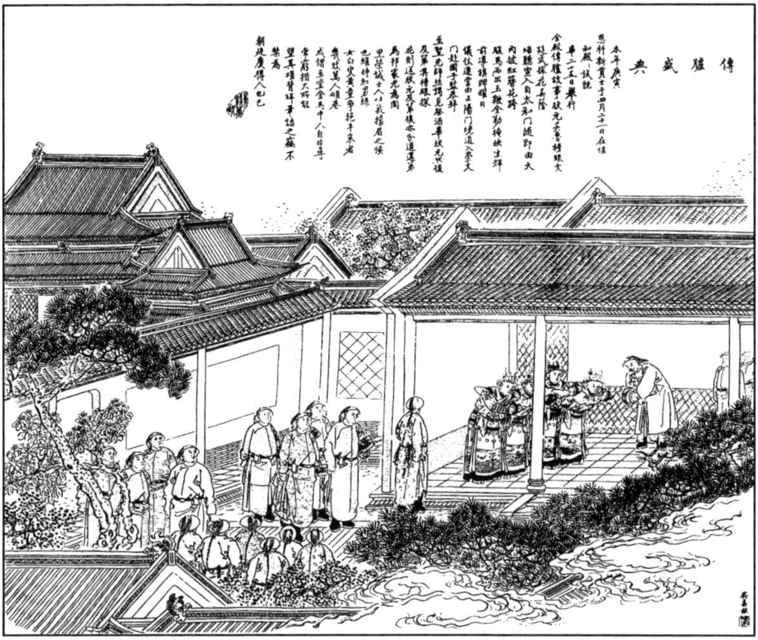

传胪盛典

选自《点石斋画报》。"传胪"即唱名赐第，清代武进士传胪地点在太和殿

玄烨十分关注武科考试和武职任免事宜。

内外场考试结束后，就进入举行传胪仪式的环节。武进士传胪地点在太和殿，日期多在十月初七日，唱行礼结束后，赞礼官赞"举榜"，兵部尚书举榜出，至丹陛下授司官，由中路捧榜至午门前，跪设龙亭内，行三叩礼，銮仪卫校尉抬亭，乐部作乐在前引导，至长安门外张挂。赐状元盔甲，诸武进士随同观榜（是为"大金榜"，另还有专门供皇帝览阅的"小金榜"），巡捕营备伞盖仪从送武状元归第。次日，读卷执事各官及诸武进士在兵部赐"会武宴"，赐武状元盔甲、腰刀、伞袋、鞓带、靴、袜等，并赏给诸武进士银十两。

武乡试放榜后赐宴称"鹰扬宴"，武殿试则称"会武宴"，清人吴荣光《吾学录·贡举》："《通礼》武殿试传胪后，燕有事各官暨诸进士于兵部，曰会武燕。"清人梁章钜《浪迹丛谈·武生武举》："文称鹿鸣宴，武称鹰扬宴，人皆知之；文进士称恩荣宴，而武进士称会武宴，则罕有知者。"

十月初七日，皇帝与文武大臣及应试武举如期齐聚太和殿，举行传胪仪式，颁布大金榜。据《康熙朝起居注》记载，"初七日辛丑，辰时，上御乾清门听政……又题覆给事中赵心忭条奏，此科所中武进士不均，请将取中之卷、不中之卷并考试骑射档册会阅，嗣后各省应分别额数，取中之处无庸议，上曰：此事依议，考试武进士但看文章必致将骑射优长、材力壮健之人遗漏，着照前日谕旨议奏……是日巳时，于太和门前传胪，赐武举曹日玮、丁爽、石钧一甲进士及第，朱色正等二十人二甲进士出身，程远等

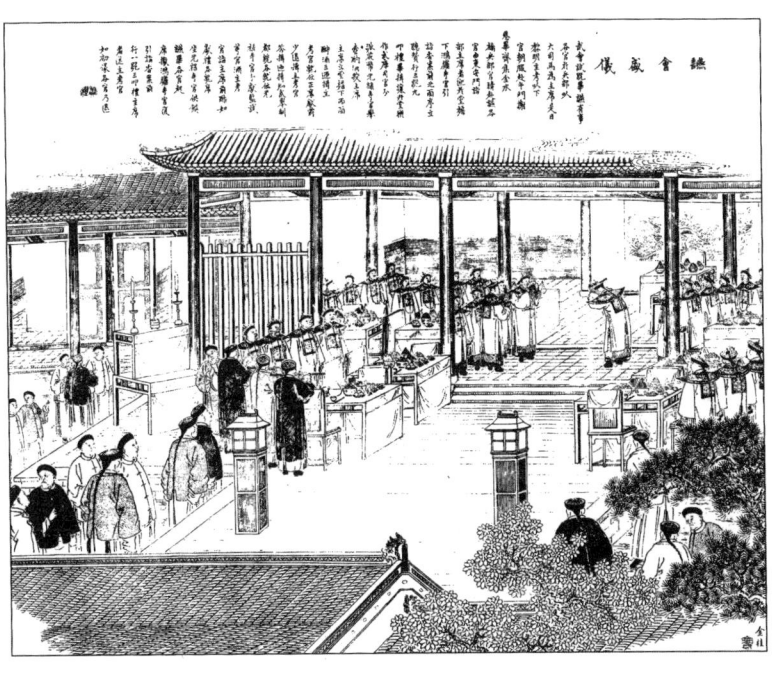

会武宴图 选自《点石斋画报》。武殿试传胪放榜后,在兵部举行庆贺宴会,兵部大臣与监考诸官一并参加,与文科的"琼林宴"相当

七十三人三甲同进士出身。"

康熙帝再次强调了要改变以往"论文取中"的惯例,而这造成的直接后果是,殿试名次与会试名次存在巨大的反差。根据中国第一历史档案馆所藏《甲戌科武会试录》及各省地方志等史料记载,武状元曹曰玮的会试成绩是第三十六名,武榜眼丁爽的会试成绩是第九十五名,武探花石钧的会试成绩是第九十八名,会试第八十三名朱色正殿试获二甲第一名(总第四名),会试第五十一名程远

殿试获三甲第一名(总第二十四名),而本科会试第九十七名缴煜章(缴煜章是在康熙丁丑科补殿试而获得一甲一名,王士禛在《居易录》中记载:"十月初七日,武进士传胪,状元缴煜章,京卫人,甲戌会试中式,余戊午典顺天武乡试所取士也。戊午一榜有三状元:己未罗淇、乙丑徐宪武、丁丑缴煜章。")则为下科殿试武状元。

曹日玮高中状元,当然是意气风发了,皇帝钦赐盔甲,巡捕营备伞盖仪从送武状元归第,其场面肯定是十分壮观。但是"有人欢喜有人愁",会元倪锦以下在会试中名次靠前的一些举子在看了大金榜之后心情肯定十分沮丧。

据民国十三年(1924)怀宁德星堂《陈氏族谱》记载:陈循"字奏言,号梅溪,又号江乡,康熙甲子科乡试中式第一名,甲戌科会试中式第九名,殿试第二甲第六名。"又据该谱《梅溪公行略》记载,"圣谕:此卷甚好,但朕日前校射有八名,置此于八名后。故合三鼎甲及第、二甲前五名共八名,公却值八名后之一人,若除鼎甲三名,只计二甲前五名,公正合榜文二甲第六名。詹事府又以个中情由实告,时榜挂于天安门外,公对之泪落,桐邑同榜林讳鸾年伯劝回,一时京师共传,故翰林检讨张讳希良〔张希良在康熙五十年辛卯(1711)八十一岁时还给缟溪《曹氏宗谱》作序〕特以'大廷元荐'匾额持赠。"

所谓"拟元"就是拟定为第一名,陈循本来以文见长,被安庆同乡张英看中,拟荐为武状元,但在后来的武场考试中,康熙帝却另有安排,结果使得会试中名次靠前的一些武举在殿试后大为失落。

陈循虽然很是沮丧，但对于皇帝的安排，也无可奈何，只能暗自悲伤，当时同榜的桐城人林鸾（字采五）好言相劝，而翰林院检讨张希良则专门给陈循题写了一块"大廷元"的匾额赠送给他。虽然陈循的武状元梦被一江之隔的同乡曹日玮打破，但康熙帝殿试钦定的排名却保持了他的会试名次（总第九名），应该也是经过了综合考量才做出的决定。实际上当时已是四十五岁"高龄"的陈循，敢于面对来自全国各地年轻力壮的青年才俊，可谓勇气可嘉，能获得第九名已属非常不易了。

中了武进士的陈循回到怀宁后，其母不久病逝，陈循又添哀伤，在母亲安厝处独守庐墓几个月，过了寒冬后才回到家里。后陈循因身体不好，无意仕途，曾在喻成龙处佐幕，后应同科武榜眼南阳总兵丁爽的邀请到河南，丁爽病逝后，陈循回老家不几年亦黯然病逝。

而曹日玮在中武状元之后，则一定是骑着高头大马衣锦还乡，除了在当地府县引起轰动外，这也是贵池曹氏家族的头等大喜事。笔者2003年1月在贵池缟溪采访当地曹氏族人，据老人们讲，当年曹氏祠堂里有几块大匾："文武济美""状元及第""课子义方"等，这分明是朝廷颁赐与曹日玮、曹日瑛及曹光国的，老人说古代只要有官员到此，文官下轿，武官下马，因为匾上盖有皇帝的玺印。

如今宗祠已毁，昔日荣光无法再现，不过我们在曹氏宗谱里看到了曹氏宗祠的绘图，在宗祠的正中确是写着"状元及第"

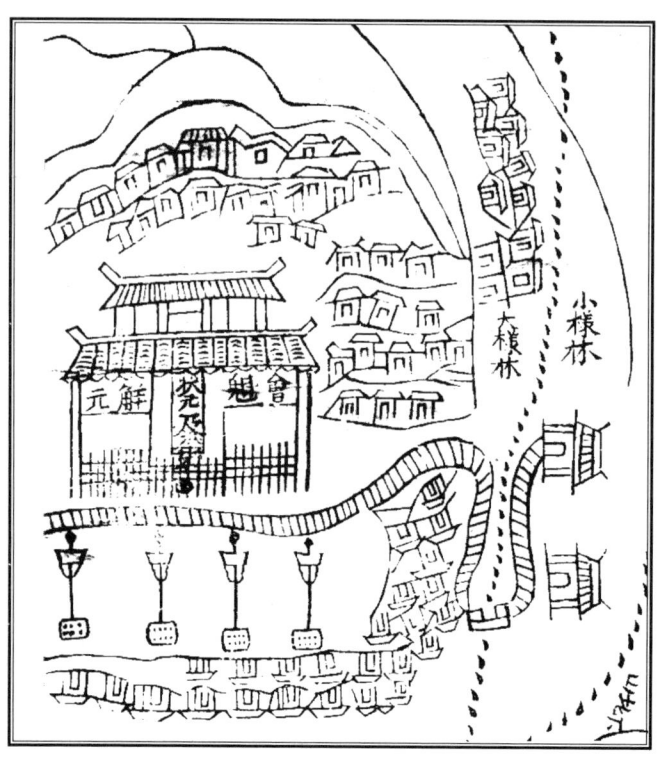

曹家祠堂图 选自《曹氏宗谱》。康熙四十五年（1706），年三十六岁的曹日玮在陕西任上时，因防汛染上寒疾，不久后不治身亡，后葬于时池州府治，并入乡贤祠。图为曹日玮宗族缟溪曹氏祠堂的图像，上有『状元及第』『解元』『会魁』字样，缟溪曹氏祠堂现已不存

四个大字，一边写着"会魁"，一边则是"解元"，大门前树立四座旗杆，可以想象当年肯定是气势恢宏。另外在曹氏族谱里，我们还可以看到其族侄曹文慧（震峰）有诗《颂继武叔（日玮）及第》：家世垂青史，平阳与济阳；百年贻燕翼，吾叔绍龙骧；射策金门下，扬鞭御道傍；胪传居第一，简册耀方黄（黄方俱前代池州状元）。2019年暑期，缟溪曹必冉赴

武鼎甲游街图

选自点石斋画报。明清时期的科举考试共分乡试、会试、殿试三级,殿试的一、二、三名称为状元、榜眼、探花,如一鼎之三足,故称"三鼎甲"。传胪大典结束后,要送武状元归第,榜眼、探花紧跟其后,场面壮观

武状元盔甲

选自《大清会典》。清代前期的铠甲实用性非常强,到了清代中后期,铠甲逐渐以绵甲为主,以棉布为里,以绸缎为面,中实丝绵,专用于检阅,更注重装饰性。《大清会典》图记录的清代盔甲有十二种样式,第八种即为"武状元盔甲"

武状元胄图

武状元胄鍊铜不鏒花文頂植三刃如古戟形下為圓珠貫槍植管周垂朱氂前後梁加鳳首尾旁為鳳翼護項護耳俱貝文銅鏒紅片金縧紅布裏

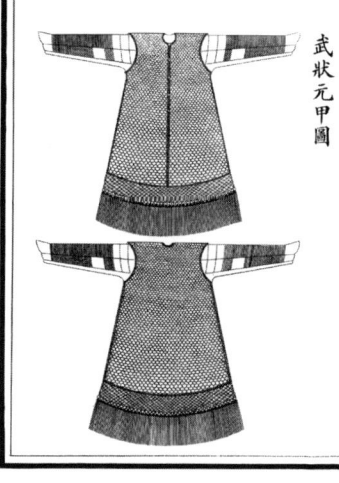

武状元甲圖

武状元甲鍊銅紅綢裏紅片金縧通籓貝文銅鏒兩袖銅鏒四重裾下周結綠縧下垂紅綾前後各四十行

曹日玮的母族方氏聚居地采访，据贵池棠溪乡百安村代基方（此地原名"宏溪方"，因村前有两条小溪，形似口袋，故又称"袋溪方"，后讹为"代基方"）家八十五岁老人方日升口述，在其记忆中，当地关于武状元有这样的传说：曹日玮中状元后，来外祖家拜年，着便装登门。外祖问日玮是否点元了，日玮笑而不语，只是点点头。外祖又问日玮，为何点元了还便装登门，而不穿戴朝服。日玮说：我若着朝服登门的话，百千人随从，声势浩大，会添很多麻烦。外祖说：你既然点了元，对于我家也是荣耀，哪里来得什么麻烦。于是日玮说：那要安排九十九个系马石，以备系马；一口池塘，供马饮水。外祖家于是划出四亩地做系马场，另挖一口池塘。

而后，日玮专程再来外祖家祭坟，宏溪方家祖坟在凤形山，按"形派"（峦头派）风水理论来说，所谓"凤形"就是其地形似凤凰，传说有神凤隐于其中，是为风水宝地。然而谁知经日玮一拜，竟将凤形拜死，可能是神凤道行不够，经不起状元的拜祭，凤形成为死地后，外祖家气数也一落千丈，渐渐衰败。

在距今三四十年前时，系马场前尚存系马石、旗夹等物，现今已变成耕地，旧迹难寻，不过传说中的饮马池塘尚存。

清代武官

清人绘。美国纽约大都会博物馆藏。 清代武官入职主要有四种途径：一是荫生；二是捐纳；三是世职；四是武科。在武科考试中，武状元会被授予一等侍卫的官职。榜眼大多是二等侍卫，或者是三等侍卫。武科官职也分正、从九品：正一品为领侍卫内大臣；从一品是将军、都统、提督。正二品是副都统、总兵。从二品为副将。正三品是参将。从三品为游击。正四品为都司。从四品是城门领。正五品为守备；从五品是守御所千总。正六品为门千总、营千总。从六品是部千总。正七品为把总。从七品是盛京游牧副尉。正八品为外委千总。从八品是委署骁骑尉。正九品为外委把总。从九品是额外外委。

此是头品武官麒麟补服

此是二品武官狮子补服

此是三品武官豹补服

此是四品武官虎补服

 此是五品武官熊補服

 此是六品武官彪補服

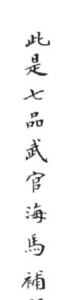 此是七品武官海馬補服

 此是八品武官海牛補服

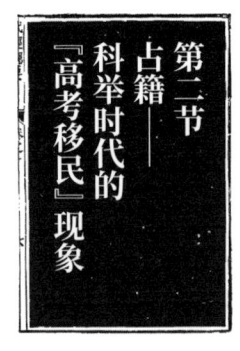

第二节 占籍——科举时代的"高考移民"现象

今天人们普遍关注的"高考移民"现象，其实自科举时代就已有之。"分区定额"与"原籍应试"的原则催生了科举时代的"寄籍""冒籍"现象。国家选拔人才，是应以考试公平为重，还是维持区域公平？这是一个自古至今都没有标准答案的大难题。中国国土幅员辽阔，各地经济和教育水平差异很大，如果仅以卷面成绩为依据，那经济和教育发达的地区就会占绝对优势，落后地区的人民就很难通过科举渠道实现阶层流动，如果给不同地区分配名额，发达地区的大批考试成绩优秀的生源也同样会被挡在科举入仕的门外。

"分区定额"与"原籍应试"是我国自科举时代一直沿用至今的总体做法。由于各省考试录取名额不同，因此造成了各地存在不公平竞争的情况，不管是正常人口流动还是故意钻营造成的寄籍、冒籍现象，在科举时代都是屡见不鲜的。在科举相关文献中，我们可以发现大量文科考试中的寄籍、冒籍案例，而在武科考试中同样存在这类问题。针对这种情况，官方不得不采取一些对策，如康熙四十一年（1702）定，亲填籍贯年貌，用空白印册两本，第一场马箭合式武生，在其脸上加盖印记时，令该生亲笔填写姓名籍贯年貌；第二场合式者，仍按照第一场的做法，在考生填写时，核对其字迹，在确认之后才准入第三场。监箭官将这两本册子移交至公堂，监临官封存，到拆号之时，监试各官将该生中式策论墨卷与登记册上的笔迹进行磨对，有字

大闹考场 选自点石斋画报。图中故事讲的是安庆府试考场有人举报陈某系冒籍,于是引起了哄乱。

迹不符,作弊显然者,除褫革外,还要加以处分,若监临等官未进行查对,以至出现冒滥现象的,要按例议处。

康熙五十四年(1715),因江南苏州、松江、常州、镇江四府武童考试,有人雇用"枪手"作弊,所以下令考生亲笔填写籍贯年貌,写清三代,并要五人互结,廪生花押,并取地方官印结,方准考试,这样一来,就将考生之间及考生与地方官之间连在一起,一旦一人有冒滥作弊现象出现,其他人将受到牵连,有利于杜绝作弊现象发生。至雍正十二年(1734),还定顺天大兴、宛平二县武童试参照文童例,考试之前须经"审音"通过后,方可参加考试。

关于寄籍入学,顺治元年(1644)设寓学于京城,远方士子游学者,取的当保结,准附顺天府考试;顺治二年又定,寓学诸生,本年乙酉乡试,如父母坟墓在北方,即系土著,经学臣核实,可以入籍参加考试;康熙五十年(1711)又规定,如祖父入籍二十年以上,及坟墓、田宅有据者,准其应试。

《池州府志》中说曹曰玮的父亲曹光国"乃游都门,占籍京卫",实际上这就是因为人口流动而造成的寄籍现象。由于寄籍地并不是当事

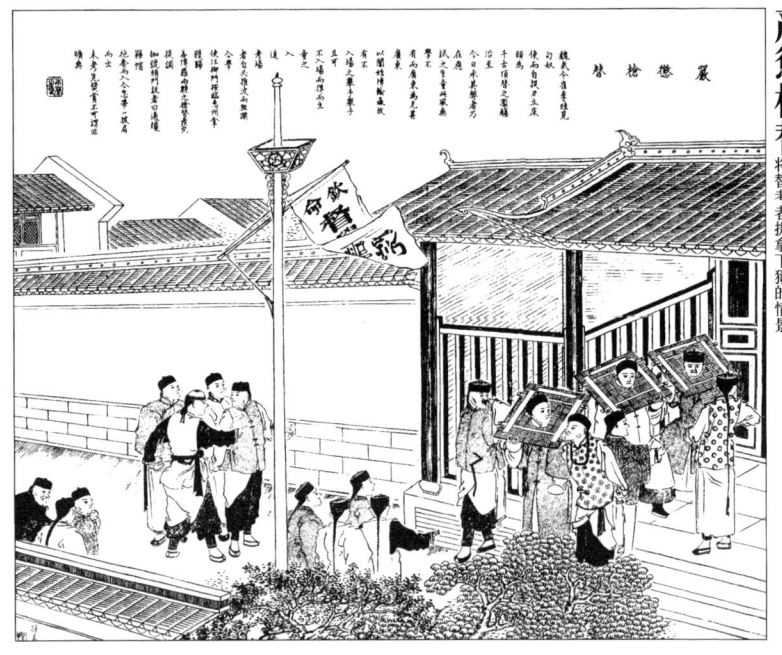

严惩枪替 选自点石斋画报。图为广东将替考者捉拿下狱的情景

装须冒考 选自《点石斋画报》。图为替考枪手戴假胡须进入考场被发现的情景

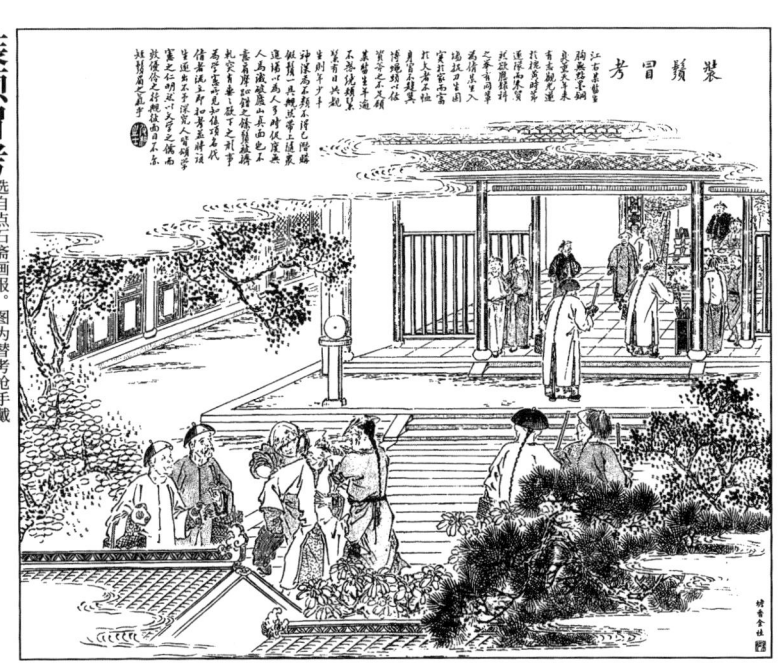

人的祖籍地,所以各种文献在表述曹曰玮的籍贯问题时,很难一致,如在晋陕地方志资料中,有的称其为江南(贵池)人,有的称其为顺天大兴人,而在安徽地方志中则往往直接称其为贵池人,或说是"顺天籍""北榜"等。

曹曰玮父子是如何"占籍京卫"的,没有看到直接的文献可据研究。从贵池《曹氏宗谱》所载曹家在北京的墓图看,曹曰玮家族在永定门外柳河园有墓园,其祖父曹世武及叔辈有诸多葬在此处。从地方志和家谱看,曹世武、曹光国曾在陕西和浙江为官,可能在曹世武时

代就已经寓居北京了,又可能在北京购买有房产,加上符合一定的年限,到曹日玮一代时就取得了寄籍的资格。可见曹家对于曹日玮的培养是在祖父两代的安排下进行的,曹日玮字"继武",而其祖父名"世武",这在讲究避讳的时代一般是不太合适的,我们从中可以看出其祖父对这个孙子的一片苦心,而其父曹光国则"授一子以文,授一子以武",刻意栽培两个儿子。后来两人果然不负期望,长子曹日瑛官翰林院待诏,以书法著称,并有作品传世,而次子曹日玮在科举考试中两次夺魁,高中武状元,可谓科举时代"高考移民"的经典案例。

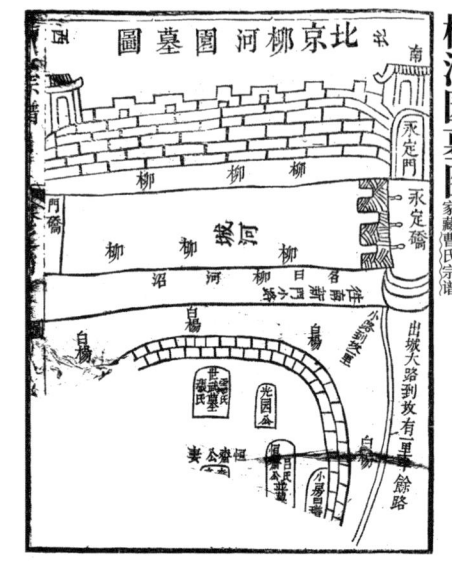

柳河园墓图 选自安徽贵池缟溪曹家藏曹氏宗谱

像曹日玮父祖这样从贵池大山里直接移民至京城的举措,确是跨度极大的大手笔,一般人恐难模仿复制。与池州府一江之隔的安庆府,在明末曾经出了个文科状元刘若宰,除了其本人有一些传奇色彩(传说刘若宰是驼背,虽然文章写得好,被拟为第一名,但崇祯帝觉得他形象不佳,在提笔准备钦点状元时,有些犹豫,结果朱墨恰恰滴落在了刘若宰的名字上,因此不得不让他当了状元)外,这个科举家族也有明显的"高考移民"特色。

刘若宰画像

选自刘氏宗谱。刘若宰,字胤平,安徽省怀宁县平山街道大墈人,出生于书香门第,文思敏捷,出口成章,擅长书画,楷、行、草书均精绝。明崇祯元年(1628)文科状元、书画家。他常向朝廷举荐智勇忠贞的人才,明末名将史可法曾在安池道监军升为安徽巡抚,就是因为他的举荐。崇祯十三年(1640)四月十三日,刘若宰在安庆的府邸称"状元府",今安庆状元府宾馆得名于此县学宫(今安庆市)前建有状元坊,他因积劳成疾辞世,死后追赠"詹事",赐祭葬、荫子,后因子余王慧仕,加赠太仆太卿。旧时

按皖西南景福堂《刘氏宗谱》(1990版)记载,复据刘氏本族及其亲属、友人的述记,可以梳理出刘若宰家族的迁居路线:景福堂一世祖福一公始居潜山县城城北一带,到第六世刘东亭迁居怀宁,刘东亭之子刘钰、刘銮二支复回潜山居住,刘钊一支仍居怀宁。

嘉庆二年(1797)刘从理在谱序中这样述记:"钊公传余高高祖方伯公,兄弟五人,历代居怀。方伯公生子十二,嗣后隶籍亦渐不同,即如伯高祖殿元公以怀籍应试。"此处"方伯公"是指刘钊次子刘尚志,"殿元公"即刘若宰。刘东亭和刘钊在怀宁的居住地点无文字记载,只知刘东亭葬桐城练潭,刘钊葬怀宁平山(旧属怀宁县尧年乡太平保)。据怀宁县平山镇大墈村刘大屋刘氏传说,刘钊初在平山时以打渔(钓鱼)为生,去世后葬于本村释迦畈"网形",刘氏一支后裔便在此地繁衍生息,建有刘氏享堂,刘钊的儿子刘尚志和孙子刘若宰还留下了著名的"拜石溪"遗迹,据《怀宁县志》

记载,"拜石溪"是古代文人墨客经常来凭吊的名胜景点。

考察江南省、安庆府及怀宁县、潜山县等旧志对于刘氏的记载,康熙及乾隆《江南通志》、康熙《安庆府志》、康熙《怀宁县志》明确载刘尚志、刘若宰父子为怀宁人,康熙《潜山县志》对刘尚志、刘若宰、刘若宜均载其出自潜山但是怀宁籍进士。

刘东亭墓图 选自《金玉图传》

再考察明清进士题名碑录:刘尚志为隆庆五年(1571)进士,户籍直隶怀宁,乡贯直隶潜山;刘若宰为崇祯元年(1628)进士,户籍直隶怀宁,乡贯直隶潜山;刘若宜为崇祯十年进士,户籍乡贯均为直隶怀宁;刘余谟为崇祯十六年进士,户籍乡贯均为直隶怀宁。由此可见,从隆庆时期到崇祯元年,经过刘东亭、刘钊到刘尚志三代的努力,刘氏已将户籍落入怀宁,但乡贯仍为潜山,稍后到崇祯十年刘若宜参加会试时已经完全隶籍怀宁县了。因此可以说到崇祯初年,刘钊一支已经实现了入籍安庆府首县怀宁。刘若宰祖父葬于怀宁平山,又在怀宁有房屋产业,三四代居住怀宁也属事实,已经符合入籍怀宁的基本条件。应该说在科举时代,这是刘东亭以下三代刻意经营的结果。

不过这种"高考移民"也造成了人们对刘氏籍贯问题的认知混乱,据我所知,关于状元刘若宰的籍贯问题,有很多种说法,如安徽潜山说、安徽桐城说、安庆城区说、怀宁平山大塅说、怀宁洪镇刘家

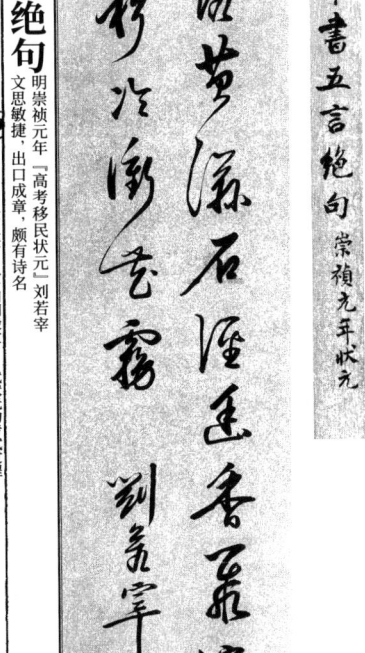

刘若宰草书五言绝句

明崇祯元年"高考移民状元"刘若宰

文思敏捷,出口成章,颇有诗名

宕说,甚至还有山东梁山说、江苏潜山说,等等,五花八门,真是让人眼花缭乱。

实际上刘若宰家族的"高考移民"事迹还不止于此,刘若宰为了让儿子刘余瑛取得桐城县学的生员名额,竟然表面上让刘余瑛"入赘"[康熙六十年(1721)《安庆府志》载:"刘余瑛,字黄玉,怀邑宫谕若宰第四子,年十九赘于桐,遂隶桐籍为诸生。"道光《桐城县志》载:"刘余瑛,字黄玉,怀邑宫谕若宰第四子,年十九赘于桐,遂籍于桐。"民国《怀宁县志》载:"刘余瑛,字黄玉,谕德若宰子,年十九赘于桐,为桐诸生。"]给桐城张秉贞（张秉贞官至兵部尚书,是著名的桐城宰相张英的堂叔）,但查刘氏族谱及桐城张氏族谱,可知刘余瑛实际上娶的是张秉贞的次女,并未入赘张家,张秉贞本来就有三个儿子,根本无须以女招婿"倒插门"。这里面的蹊跷应该就是古代"高考移民"惯用的"入赘"之法。经明末之乱后,安庆士族纷纷避往江宁,至清康熙时,刘余瑛的两个

> 钦定科场条例卷三十五 冒籍
>
> 乾隆四十四年吏部议准原任山东峄县知县张若谷籍隶江宁县乾隆九年被参革职回籍伊子张敉张敬俱於山东任所入赘商人杨作舟家为壻冒入商籍考试进学张敉出任江西萍乡县知县二十九年因案叅革三十六年奉
>
> 旨赏给二等职衔现在江宁府原籍张敬由举人挑选拣选湖北补房县知县均例应斥革应将房县知县张敬照例草职原任萍乡县知县张敉照例草职降至原任萍乡县知县张若谷虽久经叅革回籍仍应照例草职註册

儿子再次实现刘氏家族科举的新辉煌,刘辉祖(字北固)、刘捷(字古塘)兄弟俩均寄籍江宁,先后中康熙庚午(1690)科解元、康熙辛卯(1711)科解元,轰动一时,传为美谈和奇谈(朱彭寿《旧典备征》将其列入"兄弟解元"特例),也成为一桩"高考移民"的经典案例。

关于入赘冒籍,在《钦定科场条例》中有一则经典案例,据该书卷三十五"冒籍"条记载:"乾隆四十四年,吏部议准,原任山东峄县知县张若谷籍隶江宁县,乾隆九年被参革职回籍,伊子张敉、张敬俱于山东任所入赘商人杨作舟家为婿,冒入商籍考试进学。张敉出任江西

赶考图 选自元曲选。此图内容源于王实甫西厢记·长亭送别,讲述的是崔莺莺十里长亭外送张生进京赶考的情景,图中文字为"见据鞍上马,搁不住泪眼愁眉"

萍乡县知县,二十九年因案参革,三十六年奉旨赏给降二等职衔,现在江宁府原籍。张敔由举人挑选签掣湖北补房县知县,均例应斥革,应将房县知县张敔照例革职。原任萍乡县知县张敉照例革去降二等职衔。至原任峄县知县张若谷,虽久经参革回籍,仍应照例革职注册。"

这个张若谷父子的故事远不止于此,其实他们跟前述刘氏家族一样,均是明末从安庆府逃往江宁从而寄籍该地的,本来籍隶安庆府怀宁县,也是从潜山县移民至怀宁县的家族。但不知道从什么时候起,他们就开始变成了桐城人,如乾隆《平原县志》记其为"江南上元籍、桐城人",道光《济南府志》也记为"江南桐城人、上元籍",其子孙辈相关文献中均有类似记载,尤其是张敔以书画著名,使得这种谬误传播更广。

张敔（1734—1803），字虎人、号雪鸿，乾隆二十七年（1762）壬午乡科举人，官至湖北房县知县。关于张敔先祖的乡贯问题，《济南府志》《历城县志》《词综补遗》《江苏印人传》《清代书法选》《清画家诗史》《清朝书画家笔录》《墨香居画识》《桐阴论画》《历城文史资料第9辑》《江苏历代名人录艺术卷》《桐城文物精华书画卷》《名人楹联墨宝集锦》《中国文物大辞典》《安徽历代书画篆刻家小传》《安庆地区名人录》等，千篇一律地将其列为桐城人。

但查桐城旧志，其中并无张敔及其家族的信息，而《潜山县志》《怀宁县志》及潜怀孝友堂《张氏族谱》、张敔曾孙张曦照的乡试朱卷等文献中则有详细的记载，从中可知，张敔的高祖张清议，张清议的高祖铨公原为潜山人，迁居怀宁上青石，至其祖辈又迁居皖城北门，明末安庆遭乱，家族避难南京，占籍上元，部分成员仍居怀宁。张清议在《迁怀志》、《迁府城志》和《迁金陵志》中详细讲述了家族迁徙过程，特别是在《迁府城志》中明确记录了迁移就学的过程："伯祖栋，昆仲乡居，友爱良笃，第躬耕稼穑，卒岁无余，乃释耒而谓予祖曰：劳胝胼老田舍，农之子恒为农，何以出人头地？我欲依城市亲师塾，汝偕吾往可乎？于是赤手并迁府北门，子久祚因精律善书，为良吏，予祖竭力课子，先大夫遂以文行，为一郡宗匠，诗书肇兴，迁府之力也。"张氏自潜山迁到怀宁郊野，然后又从乡下迁到城里，刻意摆脱

张敔画作

安徽省桐城博物馆藏。张敔字虎人，又字芑园，一字茝园，亦作芷沅，号雪鸿，又号木者（一作木香），晚号止止道人。先世安徽桐城人，迁江宁（今南京），籍山东历城。此图为张敔的双栖图，画面上一对白头翁栖身桂花树上，作亲昵欢语状

农民身份，以科举途径来促进阶层流动，最终通过移民实现了梦想。

明崇祯十六年（1643），张清议中癸未科进士，其子张超方考中清顺治六年（1649）己丑科进士，张清议孙张遇隆考中康熙三十九年（1700）庚辰科进士。张清议曾孙张若谷由上元生员保举，官山东平原、长清、峄县等地知县，据民国《怀宁县志》记载，张若谷精心培养三个儿子，不但让他们走科举仕途，还让张敉专攻书法、张扬专攻作文（中进士）、张敔专攻绘画，均有所成，当时号称"张氏三绝"。

没有任何文献可资佐证他们是桐城人，因此只能说这是他们的自称所致。他们不但自称是桐城人，甚至连

江南乡试题名录 选自点石斋画报

起名字都与桐城宰相张英家族的字辈有关，如按孝友堂张氏的字辈张若谷应该是"道"或"培"字辈，他的弟弟就叫"道凝"，他却用与桐城张廷玉下辈张若渚、张若霭同样的"若"字取名，张若谷下一辈本来应该是"可"或"绪"字辈，但其中就有人取名用桐城"若"字辈下面的"曾"字。因此有理由相信他们是在乡贯和名字上刻意贴靠著名的桐城宰相张氏家族。

迁徙不但容易造成别人在叙述当事人的籍贯时出现混乱，就连当事人自己有时候也说不清，如刘若宰虽然留下了一些书画作品传

張曦照

字海初 號夔陽 一號晞辰 行一 道光甲申年四月三十日吉時生 江南江寧府學附生 江寧縣人 民籍 祖

始祖貴七 自江西鄱陽縣遷懷寧縣
八世祖久中 明懷邑庠生 誥贈朝議大夫崇祀鄉賢祠 傳載郡志
八世祖妣胡氏 誥封太宜人

七世祖洿議 明崇禎王午舉人癸未進士歷任南直戶部貴州司主事四川兵備道布政使司參議廣東布政使司參政 誥授中憲大夫 始遷江寧
吾贈太恭人

七世伯祖清訓 邑庠生
七世叔祖清詔 清謨 清謙
六世祖伯超漢 超卓 超華 邑庠生
六世叔祖超渠 監生 超樞 邑庠生 候選同知
六世胞叔祖超芳 順治戊子舉人已丑進士 陝西超鳳 邑庠生浙江嚴州府同知 誥授奉政大夫 超逸 邑庠生 勅授文林郎 超楷
象 附貢生候選同知
超越 邑庠生 候補主事 超級 邑庠生
生 超特 經歷附貢生鹽儀衛誥授奉政大夫

伯高高祖彌多 識多 附監士多 增祀多 祐多
叔高祖禮多 智多 貽多 又多 邑庠生 翼多
蓺多

世，但在落款上基本看不到他自述籍贯的文字，我仅在他为《费太史市隐园集》作序的落款中见其使用了"中江退史"，这个"中江"应该是指长江的中段，也就是指安庆，如明代阮大铖就曾在安庆创立"中江社"。又如桐城阮氏自阮鹗发迹以后便移居安庆府城（亦即怀宁县城），到其子阮自华时尚在游移阶段，因此阮自华在自称时既不说是桐城人，也不说是怀宁人，他在给桐城方印《天台令方公神道碑》撰文时落款为"郡人"，在给邝露《峤雅》作序时落款为"皖"人，有意回避了桐城和怀宁籍贯不确定的疑难，到了阮鹗孙阮以鼎、曾孙

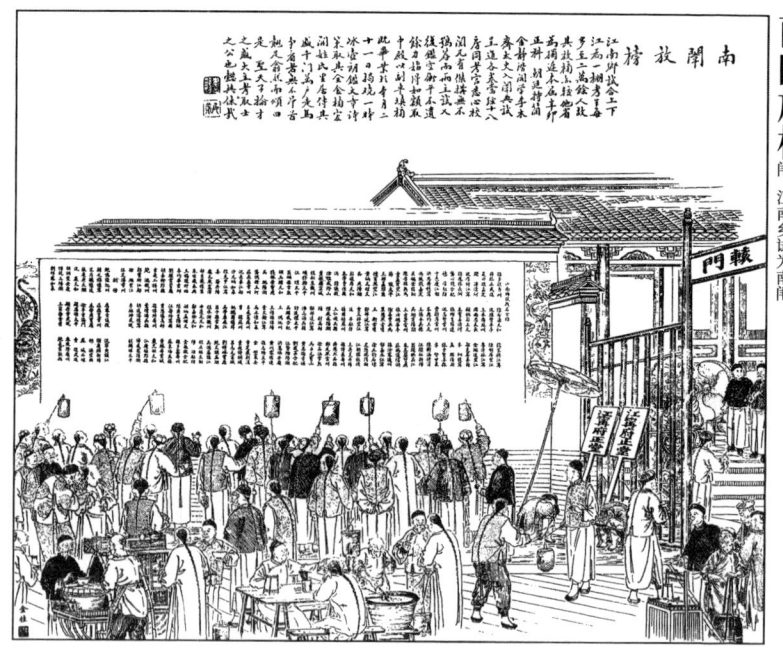

南闱放榜 选自《点石斋画报》。闱，江南乡试为南闱，清代顺天乡试为北

阮大铖一代，才正式隶籍怀宁，所以阮大铖才有"阮怀宁"的他称和"百子山樵"（百子山在当时的怀宁县，今属安庆市大观区山口乡，阮大铖当年曾在该地阮家冲一带居住）的自称。百子山在当时的怀宁县，今属安庆市大观区山口乡，阮大铖当年曾在该地阮家冲一带居住。

《怀远堂批点燕子笺》

明，阮大铖撰。明崇祯刻本。哈佛燕京图书馆藏。阮大铖，字集之，号圆海，政治人物、戏曲作家。万历四十四年（1616）中进士，天启年间官给事中，因与左光斗同乡里，起初偏向东林党，《东林点将录》拟之为《水浒传》中的"没遮拦"。后因东林党赵南星等人阻碍他升官，遂转而依附魏忠贤，造《百官图》攻击东林党人。崇祯二年（1629），以阿附魏忠贤列于逆案，废居回乡。崇祯八年（1635），农民起义军进入安徽。阮大铖避居南京，复社中名士黄宗羲等因恶其为人，作《留都防乱公揭》驱之。南明弘光朝立，经马士英推荐，官至兵部尚书，捕杀黄宗羲等人。后降清。阮大铖人品虽劣，却颇有才华，作传奇戏曲有《春灯谜》《燕子笺》等十种。其中《燕子笺》流传独盛

拒挑 鲜于佶探望云娘的情景。

守溃 安史之乱中潼关失守的情景。此后，郦尚书从驾往蜀。

笺合 霍生改名卞无忌后与飞云结婚,知道了画像与燕子笺的事情

劝合 丑驼婆劝云娘嫁给改名卞无忌的霍生

写像 霍都梁在为妓女华行云画像

授画 郦飞云与父亲郦安道观看自己绘的水墨观音

拾笺 霍都梁拾到郦飞云题写的诗笺

题笺 郦飞云看到画上的人(华行云)与自己长得一模一样,题写诗笺,记下这桩异事

入幕 霍都梁改名卜无忌,投西川节度使贾南仲幕中

误认 郦母误认华行云为女儿郦飞云

第三章 从功夫到将略——武状元的仕途生涯

虽然清代帝王总是强调文武并重，但各种原因造成了武人的事迹总是很少被流传下来，武举在登科之后，不像文科，少有专门的官、私书籍对其记载、宣传，加上武人本身也不擅文字，所以对于他们之后的仕途，几乎看不到什么资料，这和文科相比可算是天壤之别了。相对来说，关于曹日玮的资料虽然分散各处，但也算相当丰富了，在武举研究中已十分难得。曹氏自中武状元之后，任宫廷侍卫，其后外任参将、副将、总兵官等绿营武职，史志、家谱、笔记资料均有零星记载，因此本文从大量材料中钩稽出关于曹日玮的全部信息，加以连缀分析，从而将曹日玮登科之后的仕履情况做一个全面的介绍。

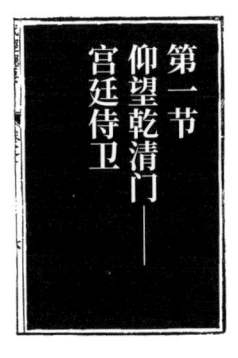

第一节 仰望乾清门——宫廷侍卫

武举中进士后，要留在京师学习骑射。文科进士初授馆职，为庶吉士，武进士初也仿此留京简选教习。顺治十二年（1655）令侍卫内大臣教习武进士，学习骑射，曾命鳌拜为教习。著名史家谈迁在其《北游录》中记载："教习武进士：乙未，教习武进士，多尔机昂邦公遏必腾、头等虾马尔吉哈，进士，加授二品服俸宁远于国柱，三品服俸高密单登龙、上元范明道，四品服俸余姚邵一仁、山阴张其毓、宣府颇君德、京山曾以信、山阴刘燧、长治马之迅、龙骧卫缴应缘、宁远刘秉仁、泾阳樊英、金吾左卫刘世明、魏县张可久、神武左卫缴正经、榆林白文灿、郓城孔弘宪、德平王宇泰、商丘姚典、永平周彝、余姚杨焕斌、大兴张靖、胡师龙。"

康熙五十一年（1712），因考虑新中武进士者，没有实践经验，命候补参将、游击、守备之新科武进士不用回籍，分发八旗交护军统领学习骑射，教以仪度。雍正元年（1723）停止教习。

对于武进士的录用，顺治三年（1646），一甲一名授参将，二名授游击，三名授都司，二甲均授守备，三甲均授署守备；十二年，定一甲一名至一百名选授营官武职，其余选授卫官武职。康熙十一年（1672），改前半授营职，后半授卫职；二十九年（1690），定新科武进士由兵部请旨，交领侍卫内大臣引见，选擢侍卫若干人，余补参将、游击、守备等官。雍正五年，定一甲一名授一等侍卫，二、三名授二等侍卫，二甲进士选十名授三等侍卫，三甲选十六名授蓝翎侍卫，其余武进士以营卫守备分别在兵部注册选用。

宫廷侍卫，清初从满洲、蒙古、宗室和觉罗中选取，康熙时开始选用汉人，主要是从武进士中选取，这是清初统治策略转变的一个体现，满人为了更好地统治这个以汉人为主且汉文化积淀深固的天下，不得不淡化一点对汉人的防范心理，开始起用汉人来加强统治。但起初重要的官位汉人还是无法涉足，如康熙时的一等侍卫主要还是按照以前的办法选取，汉侍卫只是二等以下；军事统领方面，像总督、都统等汉人也无法企望。所以曹日玮在中武状元之后也只是被选为二等侍卫。

在满语中侍卫称作"虾"或"辖"，最初的"虾"只能是由满人担任，在努尔哈赤时代，由于侍卫不仅平时保卫头领的人身安全，在战场上还要随主子冲锋陷阵，所以不仅是心腹敢死之人，还要武艺过人。努尔哈赤在起家之时曾得到侍卫洛汉舍身相救，故而除了对侍

侍卫内大臣胄图

选自《大清会典》。侍卫内大臣为正一品。皇帝贴身警卫的指挥、调度人

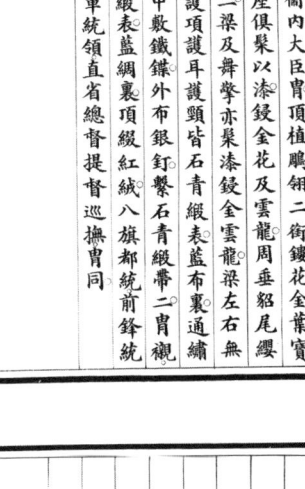

职官胄图一
领侍卫内大臣八旗都统前锋统领护军统领直省总督提督巡抚用

领侍卫内大臣胄顶植鹏翎二衔镂花金叶宝盖盘座俱髹以漆錽金花及云龙周垂貂尾缨十有二梁及舞擎亦髹錽金云龙梁左右无梵文护项护耳护顶皆石青缎布里通绣蟒五中敷铁錽外布银钉系石青缎带二胄襟石青缎表蓝绸里缀红绒八旗都统前锋统领护军统领直省总督提督巡抚胄同

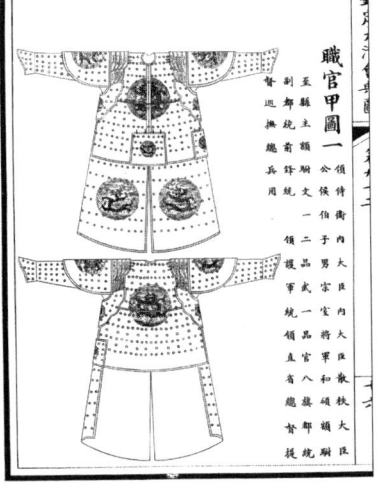

职官甲图一
领侍卫内大臣内大臣散秩大臣公侯伯子男镇国将军辅国将军奉恩将军和硕额驸郡主额驸县主额驸文一二品武一品官八旗都统副都统前锋统领护军统领直省总督提督巡抚总兵用

领侍卫内大臣甲石青缎表蓝布里中敷铁鍱外布银钉石青倭缎缘前后及护肩护腋前襜左襜各绣团蟒一蒙幅团蟒二护肩接衣处鍱二十聚漆錽金龙甲缘石青色内大臣散秩大臣公侯伯子男镇国将军辅国将军奉恩将军和硕额驸郡主额驸县主额驸文一二品武一品官八旗都统副都统前锋统领护军统领直省总督提督巡抚总兵甲同

卫的选择十分严格外，侍卫的待遇也是非常之高，或是经常受到各种赏赐，或是被转升为要职。虽然侍卫不是什么正式武职，品级也不算高，但由于其处在特殊的位置，地位往往非同一般。清代朝中许多权臣来自"侍卫处"，如"顾命大臣"鳌拜就曾任领侍卫内大臣，在除鳌拜中立下大功的索额图（索额图后被封为大学士、太子太傅，权倾朝野，显赫一时）于康熙初就是一等侍卫，"平三藩"的重要角色明珠（明珠后成为与索额图分庭抗礼的敌手）

鳌拜画像 清人绘。北京故宫博物院藏。顺治十二年（1655），鳌拜曾以侍卫内大臣的官职教习武进士骑射

初也为侍卫，还有在雍正夺位中起到重要作用的隆科多在康熙时曾为一等侍卫。

由于宫廷侍卫队伍庞大，所以设有专门机构进行管理，称"侍卫处"，设领侍卫内大臣六人负责管理，从"上三旗"（镶黄、正黄、正白）中各选二人担任，内大臣六人，散秩大臣无员限。初定宸御左右翊一等侍卫六十人；二等侍卫一百五十人；三等、四等侍卫二百七十人；蓝翎侍卫九十人。三旗宗室一等侍卫九人，二等十八人，三等六十三人。

后定侍卫品级，一等侍卫正三品，二等侍卫正四品，三等侍卫正五品，四等侍卫从五品，蓝翎侍卫正六品。

侍卫的职责，就是"宿卫"和"扈从"。宿卫分两翼：乾清门为内班，太和门为外班；在皇帝出外巡幸、驻跸时也担任宿卫。朝会、祭祀扈从，则卫官填街，骑士塞路。在各种侍卫中，御前侍卫是最为荣耀的，其乾清门侍卫，一般只是从上三旗内选取；汉籍一般只能充任大门侍卫，极少能被擢入乾清门。正是因为存在这种差异，所以道光时曾担任侍卫多年的奕赓在其所作《侍卫琐言》中写道："大门侍卫之仰望乾清门侍卫，有若天上神人。每一见面，乾清门者必仰面嘘气，阔步叠腰，微谦而过，大门者已鞠躬屏气，低眉献媚，企承后尘，至望不可及乃尔。或乾清门者偶假以颜色，则到处骄人，必曰'适才某大人、某老爷或某老几立谈多时'云，其丑态必露。即背后亦知议论曰'某也骄，某也侈，某也奢，某也矜'。若大门者侥幸选入乾清门，亦能以无知之面目而骄故乡父老矣。"

"木兰围场"秋猎扈从和随驾出征是作为一个侍卫最为重要的职责，因为都是在危险性极大的情况下保卫皇帝。玄烨为使满人不忘根本（发迹地和满人勇武本色），于康熙二十年（1681）建设"木兰围场"，此后几乎每年到那里秋猎，皇帝贴身侍卫扈从左右，保护皇帝。康熙时才子纳兰性德曾为一等侍卫，有侍卫扈从康熙射猎画作传世。康熙朝，天下未定，多有战事，玄烨多次御驾亲征，在此过程中，侍卫自然担任了保护皇帝起居安全的角色。玄烨曾三次亲征厄鲁特，康熙三十六年（1697）最后一次亲征，曹曰玮随驾扈从保卫，《池州府志》："三十六

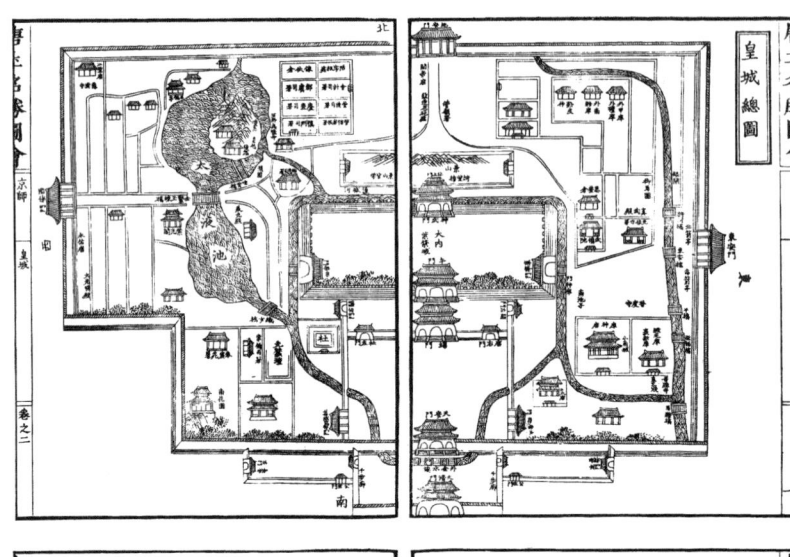

皇城總圖

午門內九重殿門之圖

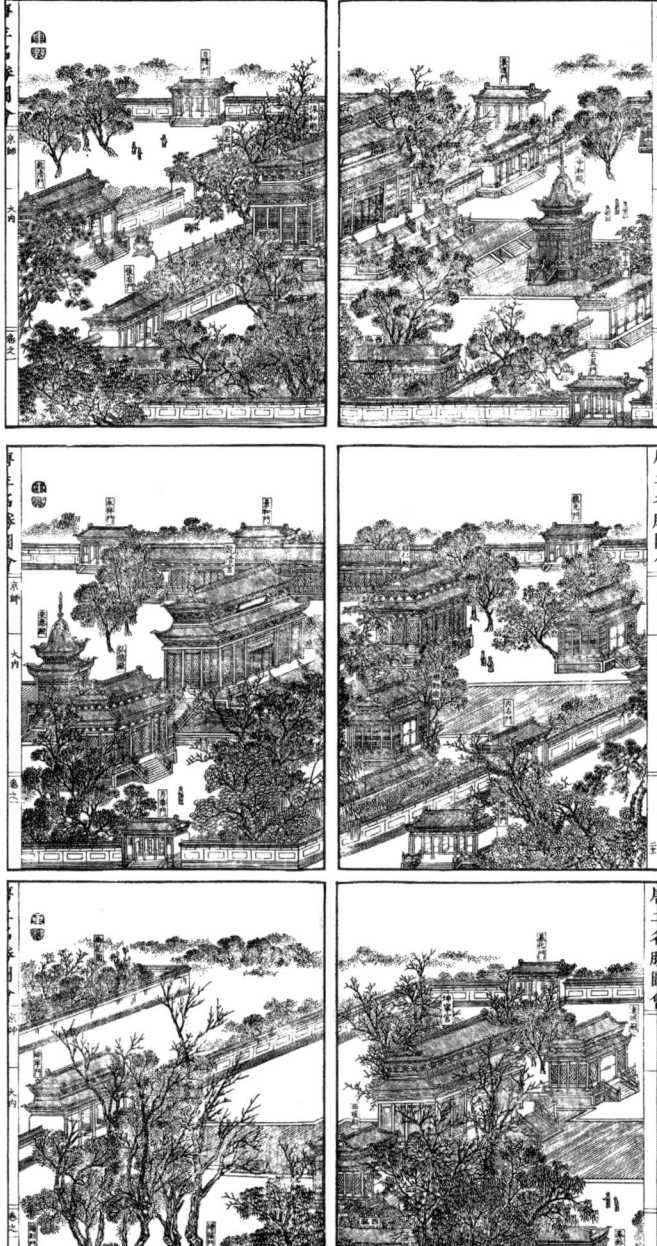

大内图 选自日本《唐土名胜图会》。大内就是皇宫的意思,通常所说的"大内高手"就是保卫皇宫的武士。

年,随驾征厄鲁特,著勤劳,屡被内纻蟒衣果酒之赐。"曹曰玮初为二等侍卫,其当时具体职掌已无法考证,但从《府志》所载可以看出,他在三年后被选随驾出征,并屡受赏赐。

侍卫平时要勤习骑射,对于他们的考查,不属兵部,因此不入军政,而由领侍卫内大臣负责考校,皇帝钦定去留。侍卫虽有如同武职一样的品级,但其升降并无定制。

侍卫选用绿营武职之例,康熙十一年(1672)定,双月参将、游击、都司员缺,二月从一等二等侍卫中选一人任参将、游击,四、六、

侍卫骑马图 选自《北征厄从图》(局部)。本图的背景是平定准噶尔叛乱西路大军军粮督运官范承烈的经历,图中对侍卫的描绘形象生动

侍卫朝服图
选自《大清会典》

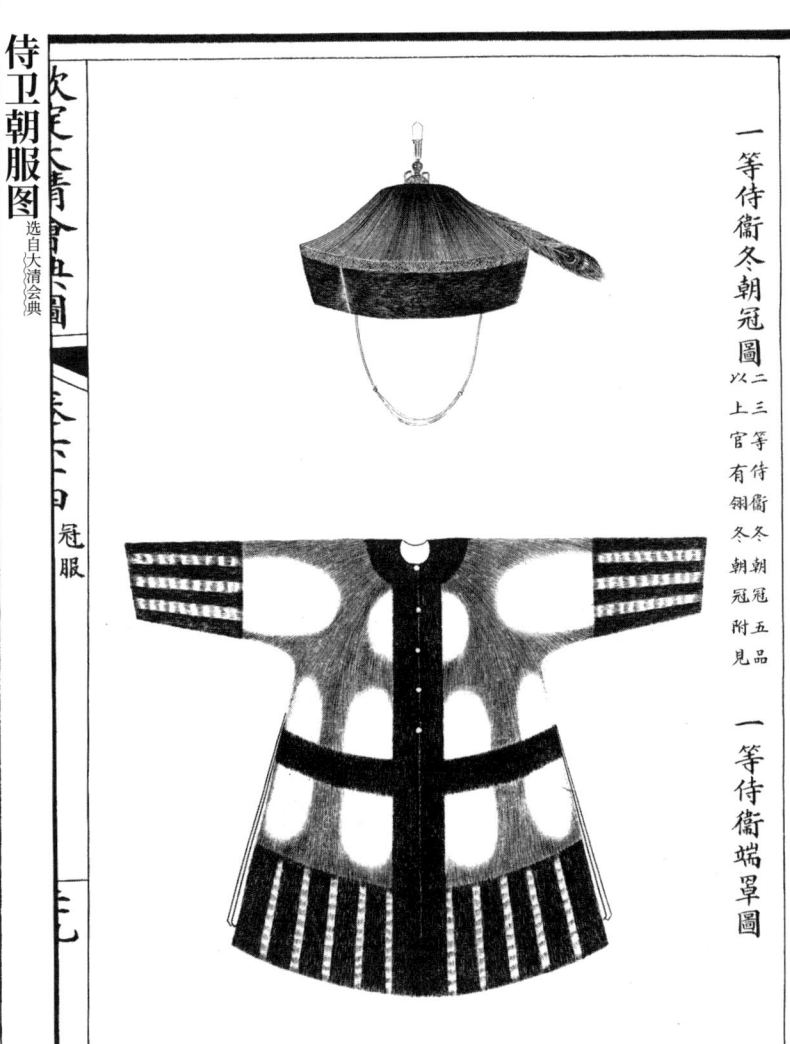

一等侍卫冬朝冠图 二三等侍卫冬朝冠五品以上官有翎冬朝冠附见

一等侍卫端罩图

藍翎侍衛夏朝冠圖 六品以下官有翎夏朝冠附見

三等侍衛朝服圖 藍翎侍衛朝服附見

纳兰容若 清，禹之鼎绘。纳兰性德，满洲正黄旗人，大学士明珠长子。曾被授一等侍卫衔，多次随康熙皇帝出巡。纳兰性德于康熙二十四年（1685）暮春抱病与好友一聚，一醉一咏三叹，而后一病不起。七日后，于康熙二十四年五月三十日溘然而逝，年仅三十一岁

康熙南巡图卷（局部，清，王翚等绘。北京故宫博物院藏。康熙南巡图共有十二卷，它绘制了康熙帝第二次南巡（1689）离开京师后途中所经过的山川城池、名胜古迹等，此卷为其中的一部分

八月从三等侍卫中选三人任游击、都司。清初侍卫地位荣耀，赏赐颇多，为肥缺，他们一般不愿外任武职，而后来逐渐有所改变，任绿营武职带来的好处要多于侍卫，于是被委任武职是侍卫们愿意的选择。《侍卫琐言》载道："圣祖仁皇帝时，三旗侍卫内有人材迟钝、弓马平常之人，因其年壮尚可造就，均发之各省，以绿营官补用，责令学习弓马，此侍卫用绿营官之始也。其弓马纯熟者，不用绿营。而绿营中已补缺之人，如历练既深，弓马长进，仍保举补授侍卫，不得久任营官。乃百年来，此例有相反，近日保送绿营之侍卫，尽取其优者，而绿营之将备有年老艺疏者，经该省参奏，往往命之来京在侍卫上行走，是视侍卫处为藏拙养庸之薮矣。"其实选用优秀侍卫外任武职在康熙时就已经实行，侍卫在侍卫处锻炼几年之后就要参加兵部铨选之例，每年都有侍卫选任绿营武职，这是因为康熙时急需用人，将一些优秀侍卫委派到边疆要塞镇守，是自然之举。侍卫选用武职，其品级一般会被提高一等，《侍卫琐言》载："侍卫保送绿营，俱加一等补用，头等侍卫用副将，二等用参、游，三等用都司，蓝翎用守备。至由科甲出身之侍卫，系以月选缺用，头等用参将，二等用游击，以下则同前。"

曹曰玮在任侍卫期间，是否有可能被擢为内廷侍卫（据陈章的考证，清代汉人担任内廷侍卫的只有十几人，详见其《清代汉人内廷侍卫钩沉》一文，载《清史研究》2019年第2期。按此说未必准确，笔者用"御前侍卫"关键词在"爱如生中国方志库"中检索可得七百三十四条结果，用"乾清门侍卫"检索可得一百四十二条，其中汉人不在少数，如果做梳理比对，应该还会有新的发现），即御前侍卫或乾清门侍卫？笔者没有查到官方文献记载，以下线索可供进一步探讨：第一，查嗣庭在《送曹某选大司参将》诗中称曹曰玮为"御前侍卫"，当然这里不排除客套的可能，因为古文献中用"御前侍卫"尊称侍卫的不乏其例（如《桐城耆旧传》的《孙节愍公传》中就说孙建勋是"康熙武进士，御前侍卫，署陕西兴汉镇总兵。"其家谱也说是"御前二等侍卫，钦赐双眼金翎"）；第二，曹曰玮在去世前写的遗本中说他"叨居侍卫，日觐天颜"，"日觐天颜"就是每天都能看到皇帝；第三，曹曰玮在参加殿试时，康熙帝曾命侍卫张文焕现场表演射艺，领侍卫内大臣索额图还吹捧说张文焕是"得蒙皇上教诲，所以其技更进"，据此可知前科武状元张文焕其时当为皇帝随身听用的内廷侍卫，后张文焕外任宣化府南山路参将（此据乾隆《宣化府志》记载。另据光绪《怀来县志》记载，张文焕任怀来路参将）。康熙三十八年（1699），升任张家口协副将（乾隆《宣化府志》）；康熙四十二年，升任大同镇总兵（乾隆《大同府志》）；康熙五十二年，升任贵州提督（咸丰《安顺府志》）；康熙五十九年，升署云贵总督（乾隆《云南通志》）；其经历与曹曰玮基本相同。

不过康熙四十四年秋，时为靖远副将的曹曰玮在《武经七书汇解》自序落款时使用"钦依二等侍卫"，以此来看，似不应是内廷侍卫，否则他不会不将此荣耀写进去。

前锋参领侍卫胄图

选自《大清会典》。前锋参领是正三品，前锋营中级军官。绿营参将也是正三品

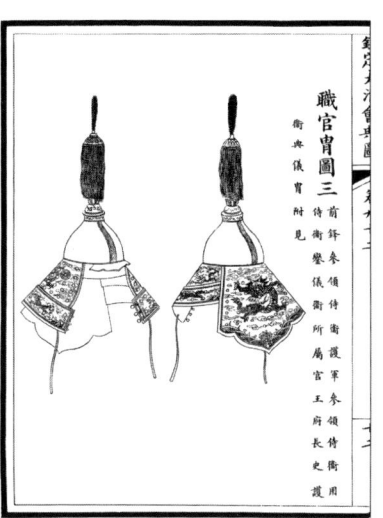

職官胄圖三
前鋒參領侍衛護軍參領侍衛用
衛典儀胄附見

前鋒參領前鋒侍衛胄頂植獬尾周垂黑氅
蓋盔座前後梁及舞擎俱鏒銀雲龍餘俱如領
侍衛內大臣之制護軍參領侍衛同侍衛鑾儀
衛所屬官頂植豹尾周垂朱氅以別之王府長
史頂植拾利獅周垂黑氅王府護衛典儀周垂
朱氅以別之

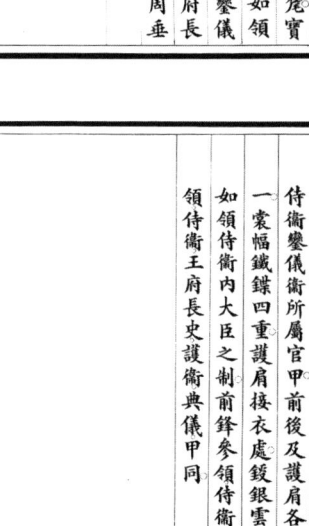

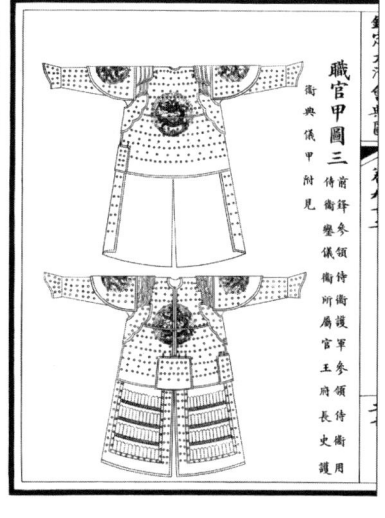

職官甲圖三
前鋒參領侍衛護軍參領侍衛
衛鑾儀衛所屬官王府長史護
衛典儀甲附見

侍衛鑾儀衛所屬官甲前後及護肩各繡團蟒
一裏幅鐵鍱四重護肩接衣處鏒銀雲龍餘俱
如領侍衛內大臣之制前鋒參領侍衛護軍參
領侍衛王府長史護衛典儀甲同

皇帝隨侍胄圖

侍卫胄图 选自大清会典。

清朝皇宫内，执行宿卫任务的有禁卫军、护军营和前锋营将士，还有侍卫。侍卫共有九百九十五人，分为四等，一等侍卫设六十人，二等侍卫设一百五十人，三等侍卫设二百七十人，蓝翎侍卫设九十人。有六名领侍卫内大臣，分成六个班组，率领各班组侍卫轮番更值。

皇帝大禮隨侍弓圖

皇帝隨侍甲圖

皇帝隨侍弓圖

皇帝大禮隨侍櫜鞬圖

皇帝吉禮隨侍櫜鞬圖

皇帝隨侍櫜鞬圖一

皇帝隨侍櫜鞬圖三

皇帝隨侍櫜鞬圖二

侍卫弓箭图 选自《大清会典》

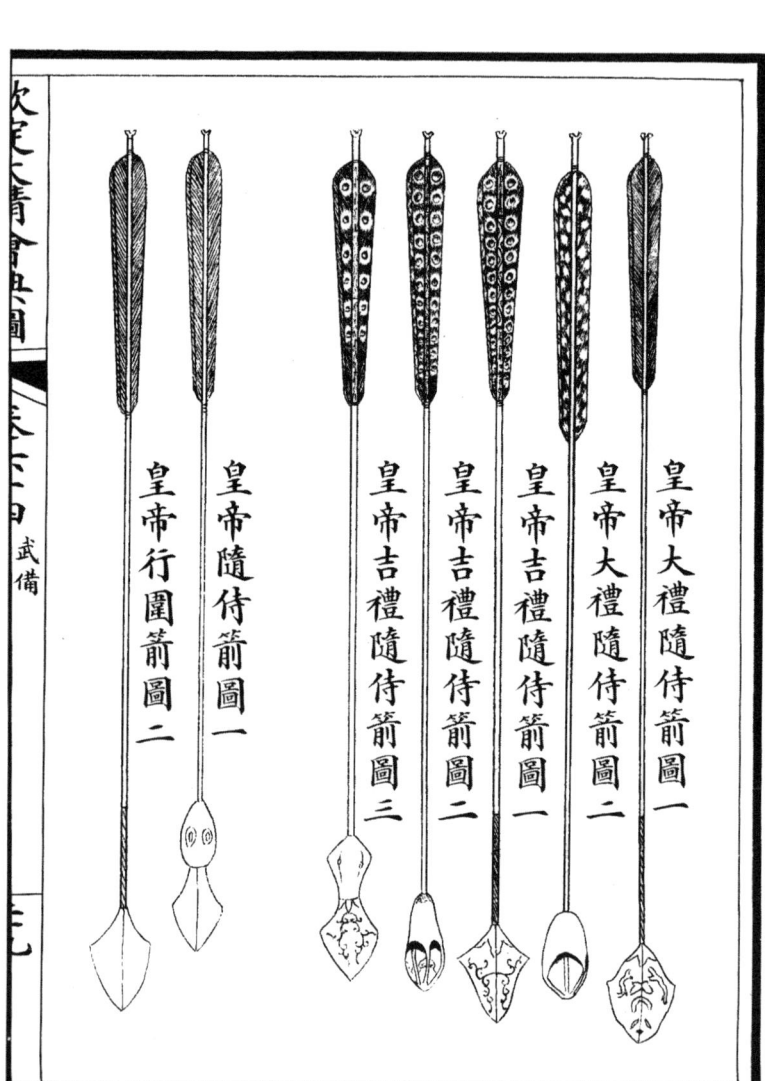

第二节 绿营练兵实纪

康熙三十九年庚辰（1700）十二月，曹日玮由宫廷侍卫外任山西利民路参将。据光绪六年（1880）《神池县志》记载："利民参将，……陈机、曹日玮、黄尊周(以上康熙)。"光绪《山西通志》卷八《职官八》亦载："宁武营参将[应为利民参将，雍正三年（1725）利民参将才移驻宁武营]，曹日玮，顺天籍，江南人，武进士，康熙三十九年十二月任。"另据《神池县志》卷六《职官》载，与曹日玮同科的武进士严英年(即《甲戌科武会试录》中的张英年)也于康熙三十九年出任当地守备。

这年曹日玮选任参将，他的好友查嗣庭有诗《送曹某选大司参将》(在诗题下有注"系武状元、御前侍卫")相赠："锦标曾夺状头还，宠命金貂第一班。捧诏偶辞丹凤阙，封侯须近雁门关。桑干夜怒连营水，北岳晴开绕幕山。迢递风光双玉节，马头新月似弓弯。"查嗣庭是浙江海宁人，为著名诗人查慎行的弟弟，是著名武侠小说作家金庸(查良镛)的家族祖先。雍正四年（1726），查嗣庭出任江西乡试正考官，发生了轰动性的文字狱案"查嗣庭试题案"，一时震惊全国，在科举史上也是著名的案件。身为内阁学士兼礼部左侍郎的二品大员查嗣庭在狱中自杀，死后遭"戮尸枭首"，被雍正皇帝称为"舅舅"的重臣隆科多也受到了致命性打击，两年后死于幽禁之所。隆科多是查嗣庭的推荐人，所以雍正帝借此案铲除了"心腹大患"。而后文将要说到的年羹尧与汪景祺案，也与曹日玮有着密切的关联。

康熙《大清会典》卷八十七《兵部七·镇戍二·将领二·山西·

大同镇》:"利民路,参将一员驻劄利民城。"雍正《大清会典》卷一百二十一《兵部职方司·镇戍二·将领二·山西·大同镇》:"利民营,原设利民路参将一员……系宁武协所属,康熙三十年,裁宁武协副将,止留守备等官,改为宁武营,其所属各营,俱归利民路参将兼辖。"乾隆十五年(1750)《宁武府志》卷五《武备》:"利民营,明利民堡,顺治初仍设参将守备各一……""宁武营,顺治二年省明山西宁武总兵官,改协镇副将一人,驻宁武,受大同总兵节制,康熙三十一年(1692)移副将驻杀虎口,雍正三年(1725)设府,以利民堡分守中路,参将移驻宁武府城……"同书又载:"雍正三年始改卫所置宁武府,领县四:宁武、偏关、神池、五寨……神池县,改神池堡置,治神池堡,以利民、八角隶焉。"

利民在宁武关(营)地,宁武关始设于明成化四年(1468),为明长城外三关(偏头关在西,宁武关在中,雁门关在东)之首,战略位置十分重要,《边防考》称:"大同有事,以重兵驻此,东可以卫雁门,西可以接偏头,北可以应云朔,盖地利得也。"可见利民确为西北军事要塞,曹曰玮被委派到此地,正体现了康熙帝对他的重用。

曹曰玮外任山西利民路参将三年后,到期俸满,按制当推升,康熙《大清会典》卷九十六《兵部十六·推升》:"康熙元年题准,历俸三年考满后,遇缺升转。"康熙四十二年癸未(1703),曹曰玮按例进京候补,因在利民业绩卓著,本应升任浙江金华副将,但康熙帝认为利民路地方紧要,且曹曰玮对此地熟悉,所以让他以署副将衔仍管利民路参将事。《池州府志》:"举卓异,推升浙江金华副将引见,赴京师,

利民堡图 选自宁武府志。利民堡是山西重要关隘，位于宁武关和偏头关之间，北魏时期建堡，也是山西人『走西口』的重要关口

宁武府境图。 选自宁武府志

上以利民地方紧要，着以新衔留原任。"按"举卓异"，清代对文官实行"京察"和"大计"两种考核制度，而对武职则实行"军政"。军政五年一次，凡副将以下，军政注上考的荐举"卓异"，荐举"卓异"人员，必以才技优长，年力强壮，驭兵有术，给饷无虚，又核其阅俸三年，任内并无参罚，乃为合格。雍正《大清会典》卷一百三十六《军政》："凡军政卓异，顺治十二年议准，兵部会同都察院、兵科、河南道，于各督抚疏揭文册内，阅其事实功绩，量拔数人，先与纪录，酌量优升，仍移咨礼部具题，赐袍服以示旌劝。"《清实录》："康熙四十一年壬午十二月十九日乙未，考察天下军政，卓异官四十四员，贪官二员，浮躁官二十一员，疲软官五十员，才力不及官一百五员，不谨官二十五员，有疾官六十九员，年老官九十六员，各升赏处分如例。"

曹日玮这次"举卓异"之事，在其顶头上司时任大同镇总兵俞益谟的题本《军政特举卓异》（《青铜自考》卷一，《四库禁毁书丛刊》集部第17册，北京出版社1997年版，第33—35页）中有记载：

题为题明考选军政事。

康熙四十一年三月三十日蒙兵部劄付，职方清吏司案呈奉本部，送兵科抄出，该本部题前事，内开：该臣等查得定例内"武职官员五年一次考选军政"等语。康熙二十六年十月内九卿会覆原任都察院左都御史徐乾学条奏一疏，内议"提督、总兵官以上，原系具疏自陈，恭候上裁，相应仍照旧行，副将以下各官，原系提镇会同督抚考核之员，其卓异者仍照旧荐举，其溺职者仍照八法通为一本参奏，部院详加察核，其照常留任者停其开具《四柱册》送部"，等因，具题。奉旨：依

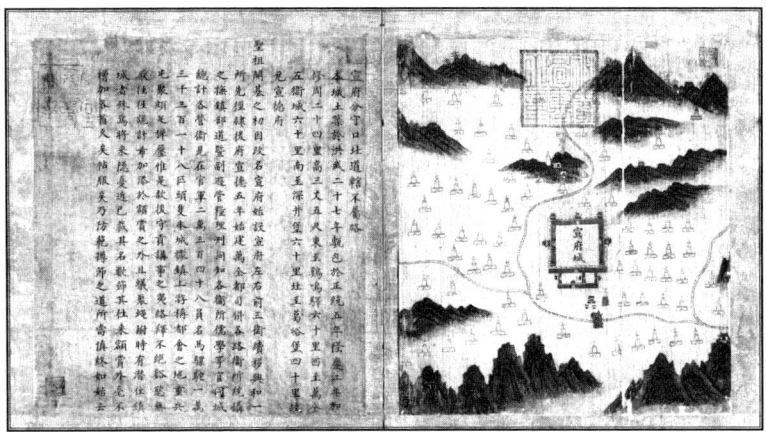

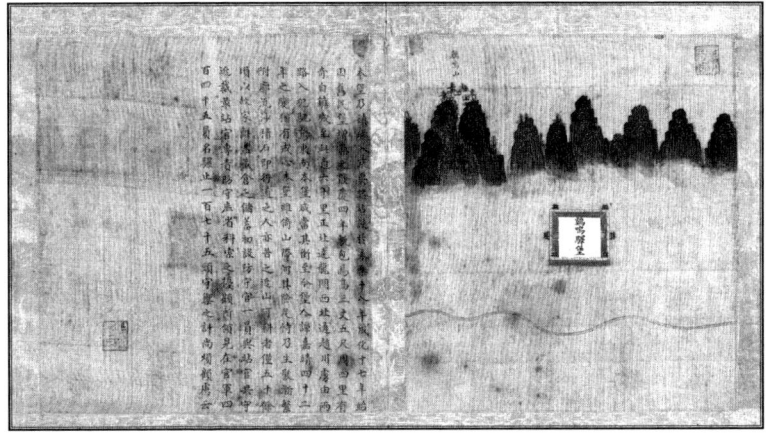

《宣大山西三镇图说》

明，杨时宁编。明万历三十一年（1603，癸卯）日本宫内厅藏本。三镇指的是宣府镇、大同镇、山西镇。全都是军事要塞，曹日玮被委派到此地，体现了康熙帝对他的重用。值得提醒读者的是，此书图虽然按明代的镇、路、城堡逐级分别叙述，但地域风貌改变不大，可与曹日玮的活动结合阅读

议。钦遵在案。查自康熙三十六年十月起至康熙四十一年十月止，五年已满，所有内外各省武职官员例应军政，除提督、总兵官仍照例具疏自陈外，其副将以下官员卓异者仍行照旧荐举，溺职者仍照八法通为一本参奏，照常留任者停其开具《四柱册》送部。俱于康熙四十一年十月以内具题到部，本年十一月内臣部会同都察院兵科察核具题，俟命下之日，通行内外各衙门遵行可也，等因。康熙四十一年三月初十日题，本月十二日奉旨：依议，钦此。钦遵抄部送司，案呈到部，拟合就行，为此合劄该镇，钦遵施行。蒙此，又于本年四月二十二日，准山西抚臣噶礼咨，准兵部咨，同前事。准此，俱经备行协路营将，严加确访，将应举、应劾各官据实开报。去后节据杀虎口副将王元、臣标中军游击管应凯、署新平路参将事天城城守备姚有才，各将该属堪应荐举官员，开具事实详报到臣。窃惟军政考核，所以课将弁之殿最，必公慎简核，始可仰副我皇上肃清武备之至意。臣严行所属将领，细访确查，据耳目之见闻，按政绩之贤否，臣复加详考，除有干八法者另疏具题外，所有洁己率属，实心任事，（如杀虎口副将王元因有盗案，臣不敢违例列荐），今据协营将领开报无盗案参罚之才守兼优、谙练营务、给饷无虚、兵民相安、政行卓越之参将高一靖、曹曰玮，守备李得胜、包成等四员前来，合臣访闻无异，并会同抚臣考核在案。此四官者持一介之守，举肆应之才，营伍肃清，地方安堵，政声懋著，众论佥同，所当循例荐举以励干员者也。伏乞皇上敕下部院，核覆施行。谨题请旨。

康熙四十一年十一月初七日题

奉旨：该部院知道。

该兵部等衙门会议得：山西大同总兵官共荐举四员卓异事迹具题，详查俱与卓异之例相符，应准注册，照兵部例，越缺一等升用，赐袍之处移咨礼部，照例移取赏给，等因。康熙四十一年十二月十七日题。本月十九日奉旨：依议。

曹日玮于康熙四十一年（1702）底"举卓异"，来京注册候升，此事恰在清人汪景祺（汪景祺原名汪日祺，浙江钱塘人，曾入年羹尧幕，雍正时，因卷入年羹尧案被枭首示众，满门遭受株连）的《读书堂西征随笔》中有所记载，其文在《高文恪遗事》一节中："癸未年……满额总兵曹日玮在京候补，先帝命索饮食之，高见索时，曹侍立帘外，思曰：'高知我见其情状，必迁怒于我矣。'遽引疾归。"（文中"索"即索额图，"高"即高士奇）汪曾游历晋陕，或是认识曹。索额图在曹日玮任侍卫时为领侍卫内大臣，后随驾亲征噶尔丹，

读书堂西征随笔 抄本。清代汪景祺著作。北京故宫博物院藏。书中记载了曹日玮的事迹

高文恪遗事

高文恪之𢧐索额图囿有撼而无怨者必其宗人府籍没赀财全家受桎梏高是其家以椒房之亲且又世贵待士大夫尚不以礼况其家得遇召之𢧐气也颇指挥使以如视之高方若氾狎姬相拜玩帖褴褸以为豢徒笑知先帝游庙颢名不如崇唐则𢧐官而见索猶长跪䃼事不全其生且家人尚祈高受知相公亲则直斥其名不知先帝骙骗𩤅比上坐忽𥘿蒲珠之于庭叩𩤅骙骗之意逆不至高齟
时高已致索而此时珠知性词豢㐌其家索祖禄南向坐髙甲頭問起阼庫大駡曷反父母妻子髙兔烈不敢起卽若崩欷角泥滿額駁䖍曹日璘在京侯先帝命索飲食之髙見索時曹侍立簾外思曰髙知我見其情狀必遷怒於我矣遽引疾歸客有門者紿以所興人索之委曲十倍於高撫門枿里雅江視之佯如也其時儀同開悁竟不勝憤懣欲教江以陳寔而免江以弟之高不勝憤懣欲教江以陳寔而免江死之曰高已告歸方渡江怨曰且老矣口中喃

其间肯定与曹关系密切，康熙四十年（1701）"以老乞休"在家，或许因此康熙命爱将曹曰玮到索家就食。

但高士奇离京后不久，索额图即被康熙拘禁，《清实录》："康熙四十二年五月癸亥（十九日），命近御侍卫海清、乾清门侍卫武格、马武传谕索额图……着交宗人府，与根度一处拘禁，不可疏放。"索额图为太子胤礽的舅公，一直参与支持太子继位之事，康熙早对其心怀不满，但索额图早年擒鳌拜为康熙立下大功，所以康熙对他一直怀柔，这次康熙突然决定拘禁索额图，是否与高士奇有关，尚无法考证。

康熙半身像 清人绘。北京故宫博物院藏。清圣祖仁皇帝爱新觉罗·玄烨，年号康熙。康熙帝八岁登基，十四岁亲政，在位六十一年，是中国历史上在位时间最长的皇帝。皇帝。康熙帝八岁登基，十四岁亲政，在位六十一年，是中国历史上在位时间最长的皇帝。

高士奇（1644—1703）先为索额图的幕僚，因擅长书画（高士奇曾在翰林院任职，与曹曰瑛共事，皆爱好书画，所以曹曰瑛在准备修谱时还请高士奇作了谱序，另外《曹氏宗谱》里还有高士奇的赠诗一首《笴林村居图》）得康熙帝特宠，后参与索额图、明珠、徐乾学等朝中重臣之间的权力角逐。高士奇来索额图处时间当在三月十五日或稍后，《清史稿·列传五十八·高士奇》："四十二年，上南巡，士奇迎驾淮安，扈跸至杭州。及回銮，复从至京师。"《清实录》："康

纳兰明珠画像 清人绘。北京故宫博物院藏。纳兰性德父亲,最后任武英殿大学士、太子太傅等要职。从做侍卫开

熙四十二年三月庚申,上回宫,诣皇太后宫问安。""庚申"即十五日。

曹日玮到索家就食的真正原因已无法考证,或许有康熙帝南巡期间派他到索家刺探的可能,但从曹采取"遽引疾归"的态度看也许不是这个原因,曹规避朝中权势之争,一来是因为自己职位卑微,二来也是在混乱之际一种明哲保身的处事态度。汪景祺在文中说曹为总兵,应该是根据其后来官职的称法。

曹日玮这年只是升衔,并没有补缺,而以署副将衔管利民路参将事。贵池《曹氏宗谱》中《世武公诰命》载:"尔曹世武乃署副将管山西利民路参将事曹日玮之祖父……康熙四十二年三月十八日。"(三月十八日恰为康熙帝五十大寿日)按康熙《大清会典》卷九十六《兵部十六·推升》:"凡推升,顺治初题准,俸满推升各官,有功荐者,衔缺并升,无功荐者,或升衔不升缺,或升缺不升衔,衔大缺衔者升缺,衔小缺大者升衔。"

也就在康熙四十二年（1703），前科状元张文焕从张家口协副将升任山西大同镇的总兵，恰巧成为曹日玮的顶头上司，笔者没有查到张文焕有相关作品传世，因此无法知晓他们之间的具体往来情况。

康熙四十三年甲申，迁陕西靖远卫副将官。乾隆《甘肃通志》卷二十九：“靖远协副将，曹日玮，大兴人，康熙四十三年任。”康熙四十八年《重修靖远卫志》卷之三·射部《武备志·职官·副将》：“曹日玮，字继武，顺天府人，由甲戌科第一甲第一名进士，康熙四十三年任，四十五年升授兴安镇总兵。”《池州府志》：“四十四年，奉特旨迁陕西固原西路靖远卫副将，随丁内艰，着在任守制。”时间上相差一年，又光绪《山西通志》卷八十《职官八》：“宁武营参将（应为利民参将，雍正三年利民参将才移驻宁武营），胡德麟，江南人，康熙四十四年六月任。”可知曹应在康熙四十三年由利民参将升补靖远副将缺。

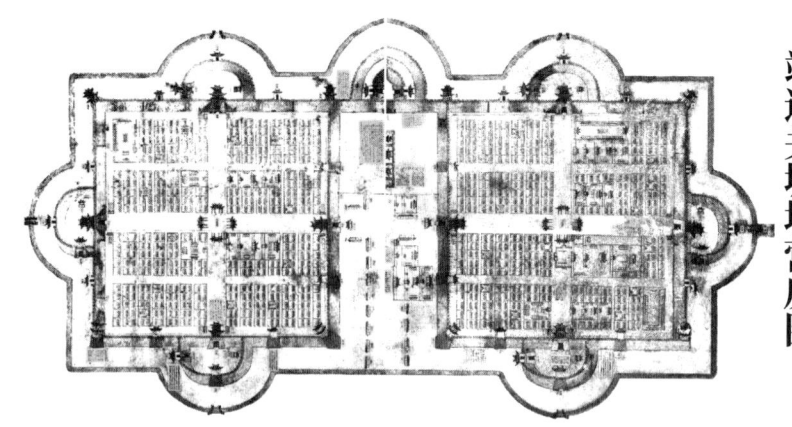

靖远关城垣营房图

靖远卫在军事上属固原镇辖，康熙《大清会典》卷八十七《兵部七·镇戍二·将领二·陕西·固原镇》："西协靖远，副将一员，驻扎靖远卫。"参与《重修靖远卫志》的蒋宏道为曹日玮之后的靖远副将，该志卷首有："提调：协镇陕西固原西路靖远等处地方副总兵（当时副将也称副总兵，此是沿用明代的称法）蒋宏道（子能），浙江会稽县人。"

另外，曹日玮于康熙四十四年（1705）乙酉秋在为自己的《武经七书汇解》作序时落款为"陕西靖远副将官左都督"，可知曹到靖远后升衔"左都督"，这是清初绿营武职的最高品级，康熙《大清会典》卷九十六《品级》："正一品：左都督，右都督。"雍正《大清会典》卷二百一十一《武弁品级》："正一品：左都督，右都督。"至于曹在靖远任上立何军功而得授此高衔已无法稽考，参考张文焕后来升署总督成为封疆大吏，曹日玮在康熙四十五年即超擢重镇的挂印总兵，可见曹日玮在副将任上肯定是立下过较大的军功。康熙四十三年，曹日玮在接到调令去陕西靖远卫任副将之后，随即遭遇母亲方氏去世的变故，按古代的礼制当离职回家守孝三年，但康熙帝却认为靖远卫地方紧要，主将不宜更换，于是特命曹日玮"在任守制"。丁忧守制乃是礼法时代重要的制度性规定，只有在迫不得已的情况下才能破例。阮葵生在《茶余客话》中这样说："在任守制，乃国家因时制宜，人地相需，不得已权宜之计。"可见应该是康熙帝认为靖远卫离不开曹日玮，曹日玮也最适合驻守此地，所以才下此特令。

在曹日玮任靖远卫副将期间，俞益谟已升任湖广提督，虽远隔千里，但他们之间常有书信往来，互诉衷肠，俞曾有书信《致靖远曹协守

(副帅)》《青铜自考》卷八,《四库禁毁书丛刊》集部第17册,北京出版社1997年版,第320—321页):

> 流光迅驶,莫挽羲轮;关路迢遥,安寻费杖。怅一方之迥隔,徒寸心以踟蹰。年兄屏翰良资、璠玙重器,以宸衷所夙注,当节钺而荣膺,旦晚迟迟,盖择要地简畀耳。兹届金飔荐爽,玉塞无烽,不惟仰羡壮猷,兼且得知胜履。仆心为形役,鄙吝堪嗤。君恩高厚以难酬,知己责期而莫副,夕昕惴惴,无以自安。所幸毛发渐渝,精神犹旧,差足为故人慰耳。适承翰注,具戬退心矣。

从信函的内容看,应该是曹曰玮在给俞益谟的书信中感叹俞已从大同总兵升任湖广提督,而自己还在靖远副将位置上不知要待多久,所以俞益谟回信进行了安慰。俞益谟赞誉曹曰玮是"屏翰良资、璠玙重器",称他是天生丽质,"以宸衷所夙注,当节钺而荣膺",是皇帝倾心栽培的对象,迟早要镇守一方,"旦晚迟迟,盖择要地简畀耳",之所以还没提拔,是因为皇帝考虑正在选择要紧的位置给予安排。

或许正如俞益谟在信中所猜测,曹曰玮很快得到了提拔,康熙四十五年丙戌(1706)二月二十三日壬子,曹曰玮升任陕西兴汉挂印总兵官。《清实录》:"康熙四十五年二月壬子,陕西靖远营副将曹曰玮为陕西兴汉总兵官。"乾隆《兴安府志》卷十三《职官·武职》:"兴汉镇总兵,曹曰玮,顺天大兴人,康熙四十五年任。"《池州府志》载为:"四十五年春,即擢陕西兴安、汉羌等处挂印总兵官。"康熙《大清会典》卷八十七《兵部七·镇戍二·将领二·陕西·兴汉镇》:"兴汉总兵官一员,驻扎兴安州……管辖……汉中城守营……(原设兴安总兵官,康熙二十二年改为兴汉总兵官)。"同书该卷《兵部七·镇戍二·将领二·陕西·

旧设》又载:"汉羌总兵官一员,驻扎汉中……[顺治八年(1651)裁,康熙十四年(1675)复设,二十一年裁]。"雍正《大清会典》卷一百二十一《兵部职方司·镇戍二·将领二·陕西·兴汉镇》:"镇守兴汉总兵官一员,驻扎兴安州……管辖……汉中城守一协。"按"兴汉镇"(明末清初还称"汉兴")为军事建制,而"兴安、汉羌"为行政建制,明万历年间建兴安州,清初延之,乾隆年间改设兴安府,都是指今陕南安康、汉中一带。这里明末遭受战争重创,虽然人口锐减,但当地民风彪悍,其战略地位仍十分重要,所以《池州府志》中说"令速赴新任"。

朝廷之所以着急派曹曰玮赴任的直接原因是当时兴安州刚爆发过兵乱,原总兵何天培已被留置,急需补派总兵官支持地方军务。据康熙四十五年(1706)二月二十八日《川陕总督博霁奏请留总兵官查案等事折》载:"先是,以兴安州总兵官何天培作官名声不好,蒙皇上降旨,命奴才详查。钦此钦遵。奴才不时察访,又行文严禁。以后观之,愿办理营伍事宜,尽力改正操行。至是访闻得,于正月十一日夜,兴安州城东关厢失火,兵丁与回子趁此夺商贾财物,畏惧兵丁缉拿,出城列阵,总兵官何天培亲去劝散之。于是总兵官何天培、知州刘德新执其首兵民杖毙。其后于二月初八日,又有四五十兵丁合谋抢夺,何天培又执之杖毙,始知畏惧,回各营地。今兵丁大概皆已平定,但其商贾财物,尚未查明追出。将此奴才先已咨令提督潘育龙查之,尚未回报。今奉谕旨,以何天培为正蓝旗副都统,倘接部文即令离任,则事不得以查明。以奴才之意,请暂留何天培,俟查明其任内案情,再令起程。倘复有滋事者,则查明案情后,另行参奏。再,兴安州僻处山内,且人暴虐,地方紧要,请皇上速遣新总兵官到任。兴安州地方粮价腾贵,奴才行令汉中、兴安道员,遵照部文以船载运陈粮万石,于该州地方平粜,青黄不接时,以接济兵民。"对于博霁的汇报,康熙帝朱批:"朕闻何天培不甚好,所以降旨。而今果然出此事,即应留之查明,不准又姑息奏来。"(中国第一历史档案馆编译:《康熙朝满文朱批奏折全译》,中国社会科学出版社1996年版,第412页)

调查何天培是康熙帝亲自过问的案件,在康熙四十四年(1705)五月已下密旨命川陕总督博霁暗中察访。按:何天培为康熙十五年武榜眼,擅长书法(康熙《崇明县志》卷十),康熙四十二年玄烨西巡时还曾给他赐过匾额和诗联(康熙《陕西通志》卷首),应该曾是康熙帝看重的将领,后来不知什么原因受到了康熙帝的怀疑。

何天培被留置后,康熙四十五年六月,康熙帝在给博霁的奏折上又朱批"兴安总兵一事,至今未奏,如何了?"至七月时,何天培终被革职。《康熙起居注》中则记载有一段何天培升转副都统的隐情:"康熙四十五年丙戌七月初九日甲子……又兵部为川陕总督博济以兴安镇城内失火,兵丁乘势劫夺回民,劾参原任兴安总兵今升正蓝旗汉军副都统何天培约束不严,有玷职守。上曰:'何天培居官声名不佳,朕欲使之离兴安,故授为副都统,非升用之也。今既劾其有玷职掌,着革职。'"可见康熙帝是故意将他明升暗降,博霁的担心是多余的。

另外博霁认为兴安州"地方紧要,请皇上速遣新总兵官到任",其实在博霁奏请之前,康熙帝已做安排,即调靖远卫副将曹日玮出任兴汉总兵官,并命他"速赴新任",可见康熙帝对于接替何天培的位置安排早有打算。其实曹日玮在在副将任上尚未俸满,升任总兵属于超擢

万寿盛典图 康熙五十二年（1713）三月十八日为圣祖玄烨六旬正诞，大清臣民赴京庆祝者以亿万计。因天子万年庆祝场面的隆重古所未有，大臣奏请将其绘为长图进呈御览。万寿盛典图初由宋骏业绘成，后由王原祁率同冷枚完成，画毕，著名刻工朱圭将其刻成版画，总长度近五十米，为版画中罕见的巨构。

提拔，当是皇帝钦定人选。尤其值得注意的是，兴汉镇武官的设置为"挂印总兵官"，其地位高于普通协镇的总兵官，这将在后文探讨。

然而不幸的是，这年七月，汉江流域爆发洪水，据康熙四十五年（1706）八月十六日《陕西巡抚鄂海奏报秋禾生长情形折》报道："汉中府属南郑县、城固县、兴安州等地距离汉江近，于七月初五日初十等日连降大雨，江水漫溢，农田数处被淹。"（《康熙朝满文朱批奏折全译》，第455页）作为地方军事长官，抗洪救灾、保卫人民生命财产安全，是其义不容辞的职责。据《池州府志》载："时汉江暴涨，州城被水啮尽圮，曰玮至官，日督军士昼夜巡防。"后《陕西巡抚鄂海奏报赈济受灾被盗民人等情折》（康熙四十六年二月二十八日）报道："兴安州城地处汉江以南。于去岁七月，江水泛滥，城南边墙俱圮，东边墙圮半，西北边墙倾圮四五处，江之南岸倒塌至城之北边墙基。"（《康熙朝满文朱批奏折全译》，第491页）可见当时汛情十分严重，曹曰玮率领官兵日夜巡防，不料感染疾病，医药罔效，竟抱病而亡，卒年虚龄仅三十六岁。《池州府志》称是"感寒疾卒"，但据俞益谟在《祭兴汉曹镇台文》（《青铜自考》卷十一，《四库禁毁书丛刊》集部第17册，北京出版社1997年版，第438—439页）中称是"伤热误为伤寒"，因误诊而误用了不对的药方导致其很快死亡。

俞益谟得知曹曰玮升任总兵后，十分高兴，特派专使不远千里前往兴安州递送贺信，不料路途遭遇洪水，走了几个月才到达，此时曹曰玮已卧病在床，隔日便殒命。使者大致了解了情况后，赶回湖广常德府提督署做了汇报，俞益谟闻之哀痛不已，含泪写下了这篇祭文：

呜呼！科名而至鼎甲，爵秩而膺元戎，此古今之殊荣，千万不能一遘者也，矧十二年之前犹是诸生，十二年之后渐登方镇，非其蓄积之深，何有是发皇之速？此余于秀山年兄之死不能无所恸悼惋惜，而甚为不可解者矣。以余所知，秀山有断断不可死者：君恩正渥，臣报未遑，其不可死者一；封翁太先生景迫桑榆，太夫人初经即世，其不可死者二；金昆玉仲，惟秀山举有一子，方在弱龄，其不可死者三；兴州将士，方幸节钺之临，有所设施，而竟未逮，其不可死者四；秀山隽品伟才，相知缙绅中，蚤已公辅相望，而竟不然，其不可死者五。且也膂力方刚，秀山之年数不可以死；源远流长，秀山之世德不可以死；慧业多情，秀山之才情不可以死。至于挥毫击剑、散帙投壶，又秀山剩技不足为秀山多者，秀山皆不可以死。何为竟死矣？若是则发皇之速不必由蓄积之深，而后可元戎之拜不必由鼎甲之登，而后可以言不解，余诚不能为秀山解已！

囊者，余厕雁门，秀山以侍卫授任利民路参将，余觇其器宇端静、意量恢弘，知他日必有非常腾达，奖励再三，渠亦欣欣自异。四十二年春，余奉命楚提，情极眷恋。明年，渠亦升任靖远副将。虽河山迥逦，而凉燠起居，靡有间然。

兹夏，余闻假节兴州，大以为快！何者？兴据汉沔上游，邻辉易照；抑且盈盈带水，鲤讯非艰。随遣使以书币往，值山涨迂程，八月始达，比至，而秀山业已委顿不支矣。馆使于署，再日而陨。

呜呼！以余所知于秀山，其速死之人哉？其可死之人哉？以非可速死之人而竟速死，以不可死之人而竟可死，余何能解于秀山哉！余询使者病状，言伤热误为伤寒，始未有峻剂疏宣，而后益以参饵之提补。呜呼！使言其信然乎哉？其尽然乎哉？如其信然尽然，则秀山之死，不死于数而死于病，不死于病而死于医！

当不必论所蓄积发皇，即欲顾念君亲骨肉而势固有不能者，或有进者曰："死医独非数耶？"余蘉然悟曰："良得解矣！"

枫江泪血，怨雁啼霜，遥企银幢，丹旐翩然，鹿门而东，余不能抚棺三号，但为含泣濡墨耶写哀词，庶几沥此恸悼惋惜之忱于万一。

不腆刍奠，伏惟尚飨！

这篇祭文没有多少客套虚词，字里行间充满着对曹曰玮英年早逝的悲痛惋惜之情，俞益谟对曹的文章、武功、才情、经历等的评价是中肯的，尤其是文中披露了曹曰玮当时的病状及用药情况，弥足珍贵，说明曹曰玮是死于庸医误治。

俞益谟(1653—1713)，字嘉言，号澹蓄，别号青铜，清代宁夏广武营(今宁夏青铜峡)人，官至湖广提督。同曹曰玮一样，也是一位文武双全的难得人才。著有《康熙朔方广武志》《青铜自考》《办苗纪略》《振武将军陕甘提督孙公思克行述》《道统归宗》等。

俞益谟是康熙十一年（1672）武乡试解元，第二年即中武进士。康熙三十六年始任山西大同镇总兵，而这一年正是曹曰玮随康熙亲征噶尔丹之年，康熙一行驻跸大同镇，俞益谟与山西巡抚倭伦一起觐见。

一直到康熙四十一年年底，俞益谟都在大同镇总兵的任上，而恰在康熙三十九年年底到康熙四十一年年底，曹曰玮出任山西大同镇利民路参将，其上司正是俞益谟。康熙四十二年初，俞益谟带着他的亲信高一靖（曹曰玮去世后，由高一靖接任兴汉总兵，《清实录》："康熙四十五年丙戌十月乙酉，升湖广长

沙副将高一靖为陕西兴汉总兵官。"）等人升任湖广提督，一直干到康熙四十九年（1710）退休回家。这期间，康熙四十一年年底，曹曰玮"举卓异"，进京注册候升；康熙四十二年年初，升副将衔，仍管利民路参将事；康熙四十三年，迁陕西靖远卫副将官，升衔"左都督"；康熙四十四年，著作《武经（七书）汇解》刊刻问世；康熙四十五年二月，升任陕西兴汉挂印总兵官，八月即病逝。直到曹曰玮去世，虽然后来二人远隔千里，但一直都保持着书信往来。

《青铜自考》12卷是俞益谟自刊的诗文集，由余庆堂刻印于康熙四十六年，大部分是康熙三十六年至康熙四十六年之间的作品。本书收录的内容体例包括题奏条议、咨呈移会、檄行文告、启集、尺牍、传记引、序祝祭文、诗词对联等，这些材料对于研究当时的军事及人物有极大的历史价值。

曹曰玮在去世前一天，给康熙帝写下了最后的奏本，缟溪《曹氏宗

曹曰玮遗本及谕祭文

选自缟溪曹曰玮（1671—1706），字继武，号秀山，今安徽省池州市贵池地区梅街镇源溪村人（缟溪曹村，古属开元乡缟溪村），随父曹光国占籍京卫（今北京大兴县），其兄曹日瑛是康熙朝翰林院待诏。谕祭文，文体，天子遣使下祭的文辞

谱》收录了这份遗本，并附有部门奏议和康熙帝批示文字，全文如下：

镇守陕西兴安、汉羌等处地方总兵官臣曹曰玮谨奏，为微臣永辞盛世伏枕哀鸣叩谢天恩事，窃臣一介寒微，荷蒙皇上拔置甲戌科武进士第一名，叨居侍卫，日觐天颜，后历外任，未经数载，更蒙特旨超擢，俾以总兵重任，方思矢竭驽驰，遵循职守，不期臣命途短促，于本年八月初感染寒疾，医药罔效，今危在旦暮，将遂填沟壑，但臣受我皇上格外洪恩，天高地厚，未得少报涓埃，死难瞑目。至臣父今年七十四岁，远在京邸，臣生不能奉养，臣子六龄，尚无知识，惟有臣兄待诏曰瑛久侍内廷，今丁忧候补，嘱其竭尽犬

马，上报君恩，下承亲志而已。臣不胜感激惭惶之至，谨奏。

康熙四十五年八月十四日。

奉旨：曹曰玮简任总兵患病溘逝。知道了，应得恤典，着察例具奏，该部知道。

部议：应赐祭葬，并入乡贤祠。复奏。

奉旨：依议。

曹曰玮去世，康熙帝痛失爱将，《池州府志》称"上闻悼惜""上欲大任之而未竟其用也"，本来要继续委以重任的，可惜英年早逝。《清实录》："康熙四十五年十一月己未，予故陕西兴汉总兵官曹曰玮祭葬如例。"《清史稿》卷九十三《志六十八·礼十二》："赐祭葬，康熙九年……总兵官……各依所加品级给全葬，遣官读文，致祭一次。"《曹氏宗谱》中有谕祭原文，内容如下：

皇帝遣江南布政使司参政卢腾龙谕祭原任陕西兴汉总兵官曹曰玮之灵曰：鞠躬尽瘁，臣子之芳踪；赐恤报勤，国家之盛典。尔曹曰玮，性行纯良，才能称职，方冀遐龄，忽闻长逝，朕用悼焉，特颁祭葬，以慰幽魂。呜呼！宠赐重垆，庶沐匪躬之报；名垂信史，聿昭不朽之荣。尔如有知，尚克歆享！康熙四十六年八月二十六日祭。

**曹曰玮去世后，自陕西归葬祖籍贵池，地名"下湖西"。《曹氏宗谱》载："自任所迎柩至本府候谕，祭毕即葬于府东（应该是府城南略偏东，可能是古人对方位认知的偏差造成的）地名'下湖西'。"《池州府志》记载为："本朝武状元镇守陕西兴安汉羌总兵官曹曰玮谕葬墓在贵池县下湖西，康熙四十六年（1707）遣江南池太道参政卢腾龙谕祭。""下湖西"在池

下湖西墓图

出自礼和曹氏宗谱

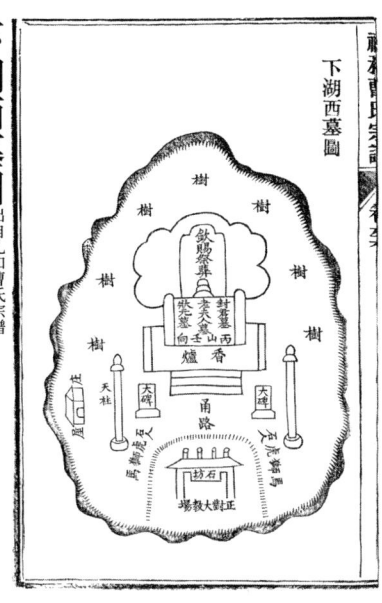

州府城南边的一个小山丘上,据《曹氏宗谱》所载墓图看,其墓地为"丙山壬向",即坐南略偏东,朝北略偏西,墓园遥对秀山门外的大教场,亦即演武场、射圃(据《贵池县志》记载,其地在池州府城秀山门外杏花村北边的钵顶山麓),笔者2003年前去考察时,看到墓冢和墓碑仍在,只是墓前的石人石马等物已遭破坏遗失。幸有清道光时人陈蔚给我们留下了一点线索,其《齐山岩洞志·曹总兵神道碑》记录了状元墓的位置:"风云雷雨山川坛在府城齐山旁,坛西有曹总兵曰玮墓道碑。"并记载了神道碑上铭刻的文字:"皇清赐武状元及第镇守陕西兴安汉羌等处挂印总兵官秀山曹公讳曰玮神道碑,钦赐祭葬,崇祀乡贤。""下湖西"离曹曰玮的家乡缟溪较远,附近的居民流传有曹曰玮自陕西归葬的口碑,说是总兵去世后,用九十九个棺木从陕西到安徽一路下葬,直到贵池才是最后一个。

现存墓碑上文字很少,碑额是"钦赐祭葬"四个大字,中间自右向左依次为"嘉庆十年仲春月吉""封君墓""老夫人""状元墓""孙曹立",嘉庆十年为公元1805年,"封君"和"老夫人"分别是曹曰玮的父亲曹光国(1633—1709)和母亲方氏(?—1704)。按前文所述,曹母方氏去世时，康熙帝命曹曰玮"在任守制"，而曹曰瑛则在家丁忧三年，所以曹曰玮在遗本中说他哥哥"今丁忧候补"。至于墓碑为什么立于嘉庆十年（1805），而立碑人也没有具名，则是一件很奇怪的事。按说方氏、曹曰玮和曹光国分别于康熙四十三年（1704）、四十五年、四十八年去世，其时曹曰瑛尚在世，其葬地并未改变，按当时谕祭葬的礼制来说，其墓园规模、墓碑形制都有官方规定，就算是曹光国最后去世时更换了墓碑，也应该有曹曰瑛及曹氏子孙的立碑信息。但从现存情况看，康熙时的曹墓地面物件已荡然无存，这块嘉庆墓碑不知是在什么情况下复立的。难道状元墓在雍正至嘉庆年间曾被彻底破坏过？官府后来重立了墓碑，因当时找不到曹家的后人，所以就没有写立碑人？对此笔者没有查到任何线索，当年去过现场的王裕辉、曹贵钟等目击者也表示难以理解，所以目前来说，只能是个谜。

曹曰玮英年早逝，留下无尽的遗憾，同时也留下了诸多的谜团，研究界用了几十年的时间也没有解开，更多的疑问笔者将在后文论述。

一、清初绿营军事首长

明代设五军都督府，其最高统领称"都督"，清沿明制，在兵制尚未健全的情况下仍然使用了明代的一些做法，可以说这是个"过渡时期"的制度。

谈迁《北游录》："都督府：各镇总兵官俱

绿营纛旗图

选自《大清会典》。绿营是清朝的正规军,由汉人编成,主要负责弥补八旗的不足和守卫国土。这些汉人的军队因使用绿色军旗,故称为绿营。绿营兵分为马兵、战兵、守兵、水师四种,分驻于北京和各省。驻守在北京的绿营兵称为巡捕营,由步兵统领统辖。驻守各省的绿营兵有督标(由总督统辖)、抚标(由巡抚统辖)、提标(由提督统辖)、镇标(由总兵统辖)、军标(设于四川、新疆,由将军统辖)、河标(由河道总督统辖)、漕标(由漕运总督统辖)。标下设协,由副将统领。协下设营,由参将、游击、都司、守备分别统领。营下设汛,由千总、把总统领

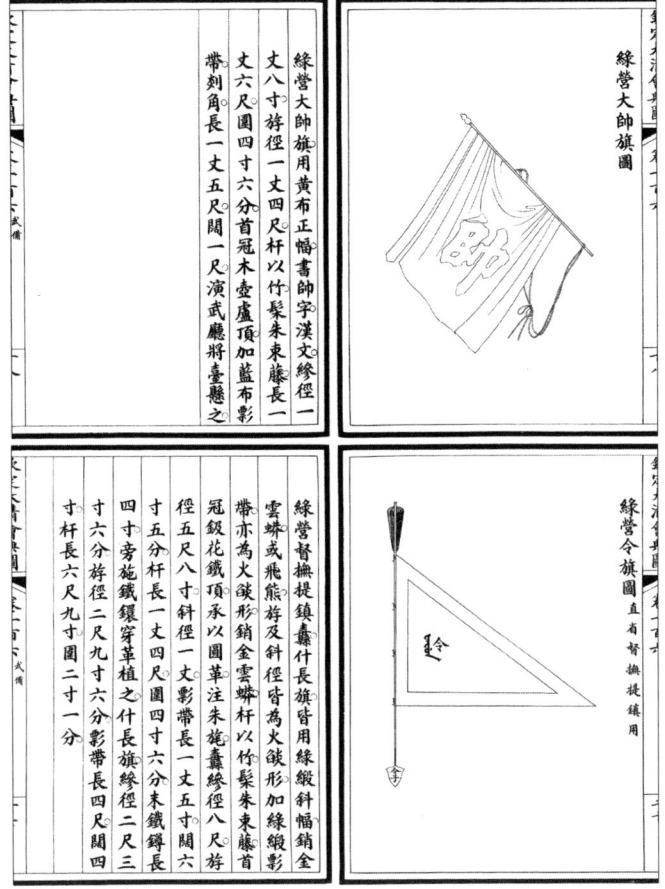

衔都督同知或佥事而都督系衔，以先朝设五军都督府也，今不设都督府，则各镇系衔无谓矣，当事特未之思耳。"

昭梿《啸亭杂录》卷六《绿营虚衔》："国初沿明制，绿营总兵官有勋劳者，递加都督佥事、都督同知、右都督、左都督诸名目，盖明五军府官也。其最优始加将军之名，如赵良栋勇略将军、潘育龙绥远将军、杨捷昭武将军是也。至乾隆十八年（1753），纯皇帝厌其名近虚伪，乃皆裁革，定提督为从一品，官阶始厘正焉。"

梁章钜《浪迹丛谈》卷四《绿营武阶》："国初绿营提督、总兵带有左都督、右都督衔者，正一品，带都督同知衔者，从一品，带都督佥事、署都督事衔者，正三品。至乾隆十八年（1753）省去都督等衔，始定提督为从一品，总兵为正二品。"

《清稗类钞》沿用了这种解释。

清初绿营武官"职""衔"繁杂，最初有左都督、右都督、都督同知、署都督同知、都督佥事、署都督佥事、副将、署副将、参将、署参将、游击、署游击、都司佥书、署都司佥书、守备、署守备、千总、把总等，从一品到七品，职衔难分，名目颇多，管理不易，乾隆《钦定大清会典则例》卷一百零四《兵部·职制二·铨选》载："乾隆十八年，谕武职兼衔乃沿明代旧制，其中升衔升任条例纷繁。"官员在升迁时"职""衔"升降不是同步的，如后为正三品的参将，其衔可加至正一品的"左都督"衔，称为"大衔参将"；而后定为从二品的副将官可以由正三品的"署参将"衔的担任，称为"小衔副将"。因此如不详加区别，很难搞清他们的真正品级。

有鉴于此，到乾隆时废除这种加衔制度，制定了统一的品级，乾隆《钦定大清会典则例》卷一百零二《兵部·直省绿旗营卫官制》："顺治年间定左都督右都督正一品，都督同知、署都督同知从一品，都督佥事、署都督佥事正二品……乾隆十八年议准，副将以下等官向来有一定品级，惟提督、总兵官或加都督及都督同知、佥事、副将等衔，并无一定品级，今加衔既以删除，将提督定为从一品，总兵官定为正二品……"自此定绿营武职提督为从一品，总兵官为正二品，副将从二品，参将正三品，游击从三品，守备为五品，千总为六品，把总七品，从而基本确定了清代绿营武职品级格局，左都督、右都督、都督同知、署都督同知、都督佥事、署都督佥事、都司佥书、署都司佥书等退出了历史。

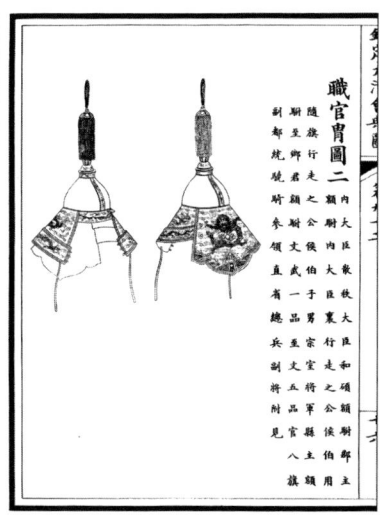

武一品至武七品官服图

清代文武百官品服有朝冠、吉服冠、朝服、补服、蟒袍等。蟒袍，一品至三品绣五爪九蟒，四品至六品绣四爪八蟒，七品至九品绣四爪五蟒；自亲王以下皆有补服，其色石青，前后缀有补子，文禽武兽。贝子以上王亲用圆形补子，其余用方补。文官五品、武官四品以上及科道、侍卫等职，均须悬挂朝珠，朝珠共一百零八颗，旁附小珠三串（二边一串，一边两串），名为『记念』。

武一品官补服图　镇国将军郡主额驸子补服附见

武二品官补服图　辅国将军县主额驸男补服附见

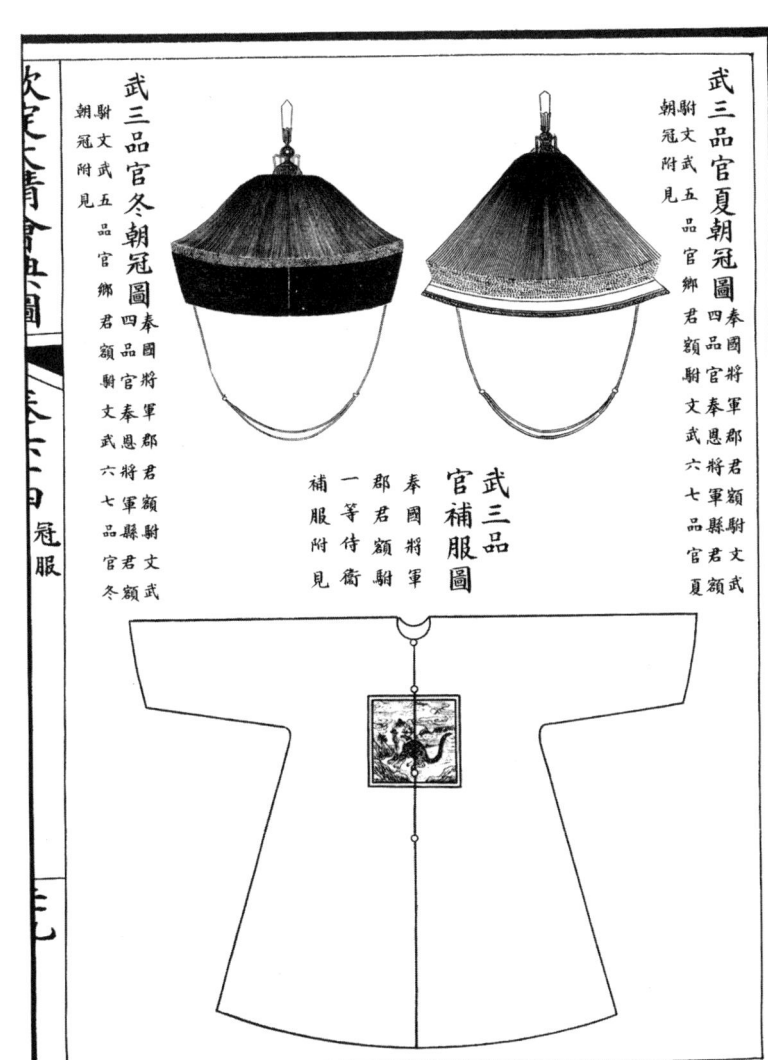

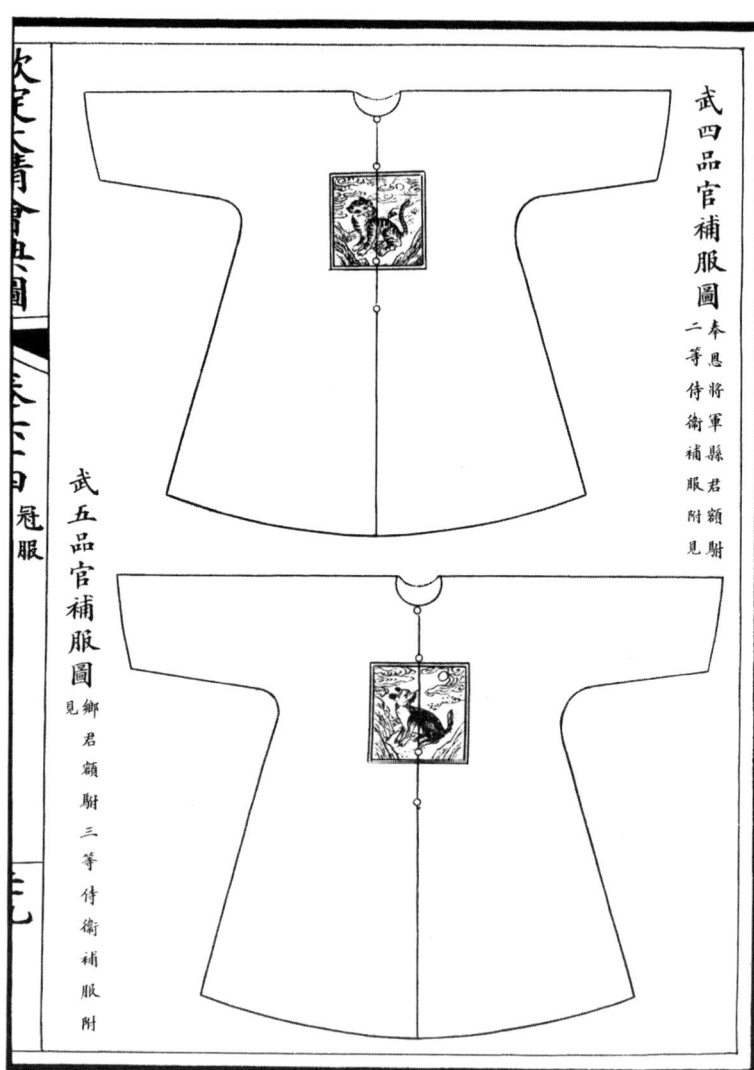

武六品官補服圖
藍翎侍衛補服附見

武七品官補服圖
武八品官補服附見

清初绿营武职品级一览表

	顺治 康熙 《康熙大清会典·绿旗武职品级》	雍正 《大清会典·武弁品级》	乾隆 （十八年省都督等衔，始定品秩）
正一品	左都督（衔）（下同）； 右都督	左都督； 右都督	左都督， 右都督（俱十八年裁）； 领侍卫内大臣［五十一年（1786）增］
从一品	都督同知； 署都督同知	都督同知； 署都督同知	都督同知； 署都督同知（俱十八年裁）； 提督（初为武职，无固定品级，十八年始定）
正二品	都督佥事； 署都督佥事 （文职：总督8人，加兵部尚书衔从一品，加大学士衔正一品）	都督佥事； 署都督佥事； 銮仪使	都督佥事； 署都督佥事（俱十八年裁）； 总兵官（初为武职，分三等，无固定品级，十八年始定）
从二品	副将； 署副将 （文职：巡抚，每省1人，加兵部右侍郎衔正二品）	副将； 署副将	副将（十八年裁衔，定品级）； 署副将（十八年裁）
正三品	参将； 署参将 游击［旧正三品，顺治十年（1653）改从三品］； 署游击 都司佥书（都司）； 署都司佥书	参将； 署参将 一等侍卫； 冠军使	参将； 署参将（十八年裁）
从三品	游击； 署游击 都司佥书［旧正三品，顺治十年（1653）改从三品，十八年改正四品，康熙九年（1670）复改从三品，三十四年改正四品］； 署都司佥书（同）	游击； 署游击	游击； 署游击（十八年裁）
正四品	都司佥书； 署都司佥书； 守备（康熙三十四年改正五品）； 署守备（同）	都司佥书［二年（1724）裁］； 署都司佥书； 二等侍卫； 云麾使	都司佥书； 署都司佥书（十八年裁）
五品	守备； 署守备 守御所千总 （初制正五品，顺治十三年升为正四品，康熙三十四年改为从五品）	守备； 署守备	守备； 署守备（十八年裁）

正六品	卫千总（初制正六品，顺治十年定为从五品，康熙三十四年改为从六品，后复改为正六品）；营千总（初制正六品，顺治十年定为从五品，康熙三十四年改为从六品）；门千总（正）	卫千总（正）；营千总（从）；门千总（十三年改为从六品）；蓝翎（正）	卫千总（五十八年改为从六品）；营千总（五十八年改为正六品）；门千总（五十八年改为正六品）
正七品	把总（原名操守，康熙元年改为把总）	把总	把总

清朝绿营武官散阶一览表

		顺治初	乾隆二十年（1755）	乾隆三十二年（1767）	乾隆五十一年（1786）
1	正一	荣禄大夫（妻一品夫人）	荣禄大夫	建威大夫	建威将军
2	从一	荣禄大夫（妻一品夫人）	荣禄大夫	振威大夫	振威将军
3	正二	骠骑将军（妻夫人）	武显大夫	武显大夫	武显将军
4	从二	骁骑将军（妻夫人）	武功大夫	武功大夫	武功将军
5	正三	昭勇将军（妻淑人）	武义大夫	武义大夫	武义都尉
6	从三	怀远将军（妻淑人）	武翼大夫	武翼大夫	武翼都尉
7	正四	明威将军（妻恭人）	昭武大夫	昭武大夫	昭武都尉
8	从四	宣武将军（妻恭人）	宣武大夫	宣武大夫	宣武都尉
9	正五	武德将军（妻宜人）	武德郎	武德郎	武德骑尉
10	从五	武略将军（妻宜人）	武略郎	武略郎	武德佐骑尉
11	正六	昭信校尉（妻安人）	武信郎	武信郎	武略骑尉
12	从六	忠显校尉（妻安人）	武信佐郎	武信佐郎	武略佐骑尉
13	正七	奋力校尉[雍正二年（1724）增设，妻孺人]	奋武郎	奋武郎	武信骑尉
14	从七			奋武佐郎	武信佐骑尉
15	正八			修武郎	奋武校尉
16	从八			修武佐郎	奋武佐校尉
17	正九				修武校尉
18	从九				修武佐校尉

像提督(即提督军务总兵官)、总兵官(即镇守总兵官)开始仅仅是绿营武职，他们负责地方绿营军务，并无固定品级，其品级须以他们所带"都督""副将"等衔进行区分。如康熙时麦良玺曾任陕西肃州镇守总兵官，带都督佥事衔，为正二品；俞益谟在康熙十八年（1679）随宁夏提督赵良栋到四川对吴三桂作战，后因功授左都督，管达州营游击事，为正一品，可谓"大衔游击"。因

将军与妻子
水彩画。选自布朗大学图书馆的安妮·S·K·布朗军事题材作品集

而我们说到乾隆十八年（1753）之前的提督、总兵官时，就不能按照后来定的从一品、正二品来确定他们的品级，这是需要注意的问题。

曹曰玮官至总兵，按光绪《钦定大清会典事例》卷五百四十二《兵部·官制·绿营武职品级·原定绿营武职》记载："提督、总兵，初制带左都督右都督衔者，正一品；带都督同知衔者，从一品；带都督佥事署都督佥事者，正二品。乾隆十八年，省都督等衔，定提督为从一品，总兵为正二品。"曹为康熙时人，且《武经七书汇解》中曹序落款署"左都督"衔，因此可以推断曹的品秩当为正一品。另我们从《曹氏宗谱》中曹曰玮画像上的官服也可以看出，画像上胸前补服是一只麒麟，《清史稿·志七十八·舆服二》："武一品补服，前后绣麒麟。"

二、"挂印总兵官"——西北边陲要塞的将军

前文已述及曹曰玮在陕西兴汉时是"挂印总兵官",《池州府志》:"四十五年春,即擢陕西兴安、汉羌等处挂印总兵官。"《齐山岩洞志·曹总兵神道碑》:"皇清赐武状元及第镇守陕西兴安汉羌等处挂印总兵官秀山曹公讳曰玮神道碑,钦赐祭葬,崇祀乡贤。"

关于"挂印"制度,没有见到今人的研究,其可供参考的文献资料也相对较少。这种制度也是沿用了明代的做法,《明史》卷七十六《志第五十二·职官五》:"凡总兵、副总兵,率以公、侯、伯、都督充之,其总兵挂印称将军者,云南曰征南将军,大同曰征西前将军,湖广曰平蛮将军,两广曰征蛮将军,辽东曰征虏前将军,宣府曰镇朔将军,甘肃曰平羌将军,宁夏曰征西将军,交阯曰副将军,延绥曰镇西将军……"

明人沈德符《万历野获编》卷二《符印之式》记载:"各镇挂印总兵官,如征南、征西、镇西、平羌、镇朔、征蛮、平蛮、征虏诸将军,俱银印,视一品稍杀,二品稍丰,独以虎为鼻钮,且篆文为柳叶。"卷二十二《督抚》:"挂印总兵既称总镇……其总兵非挂将军印者,则亦为累朝添设……武臣以总兵官为极重,先朝公侯伯专征者,皆列尚书之上。自总督建后,总兵禀奉约束,即世爵俱不免庭趋,其后渐以流官充总镇,秩位益卑。当督抚到任之初,兜鍪执仗,叩首而出,继易冠带肃谒,乃加礼貌焉。"

关于清代"挂印"制度的专门资料非常少见,现仅就所见清人笔记等资料考证如下:

將校冑圖

選自《大清會典》。圖為驍騎校冑，也就是驍騎營的武官。驍騎營受各旗都統直接統率

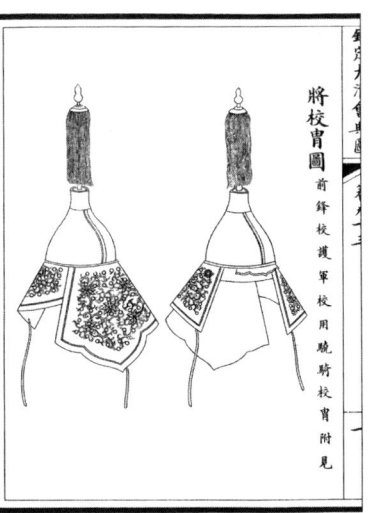

將校冑圖 前鋒校護軍校用驍騎校冑附見

前鋒校冑頂植鐵鏤周垂朱氂寶蓋以下俱素鐵不加鍛飾護項護耳俱白緞表素裏紅片金及石青布緣二重繡蓮花中敷鐵鏤外布黃銅釘冑襯石青緞表藍布裏頂綴紅絨護軍校冑同驍騎校冑頂周垂黑氂護項護耳表以緞各從旗色鑲黃旗白旗鑲白旗藍旗鑲藍旗紅緣鑲紅旗石青緣正黃旗正白旗正紅旗正藍旗皆如表色餘同

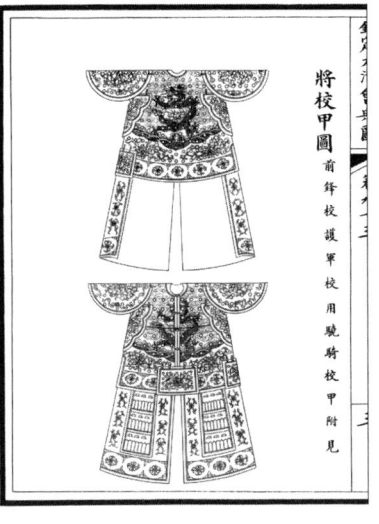

將校甲圖 前鋒校護軍校用驍騎校甲附見

前鋒校甲白緞表素裏無袖中敷鐵鏤外布黃銅釘紅片金及石青布緣二重繡蓮花裳幅鐵鏤三重護軍校甲同驍騎校甲表以緞各從旗色緣如冑制餘同

兵丁胄图 选自《大清会典》。兵丁，指士兵的旧称。语出《北齐书·元孝友传》：「省人帅以出兵丁，立仓储以丰谷食。」

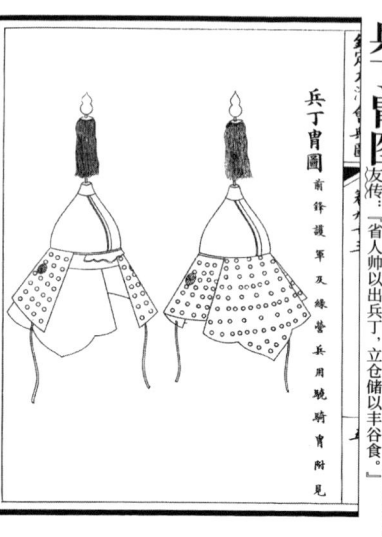

兵丁胄图 前锋护军及绿营兵用晓骑胄附见

前锋胄护项护耳俱青布表月白裏缘如表色
不施采绣余俱如前锋校之制护军及绿营兵
同晓骑胄顶周垂黑氂护项护耳俱表以布各
从旗色镶黄旗镶白旗镶蓝旗红缘镶红旗石
青缘正黄旗正白旗正红旗正蓝旗皆如表色
余同

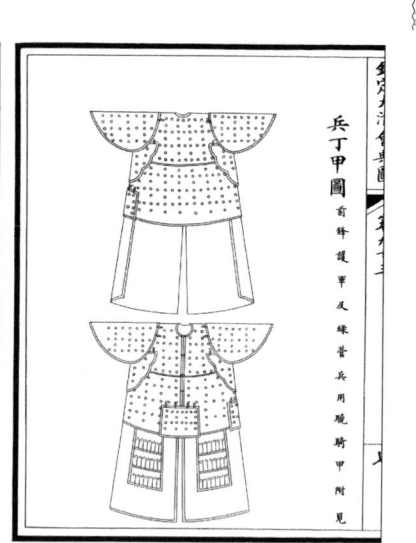

兵丁甲图 前锋护甲及绿营兵用晓骑甲附见

前锋甲青布表月白裏缘如表色不施采绣余
俱如前锋校之制护军及绿营兵同晓骑甲表
以布各从旗色缘如胄制余同

吴振棫《养吉斋丛录》载："国初提、镇甚多，以顺治十八年官册考之，有：挂镇海大将军印镇守京口都统一……镇守宣府挂镇朔将军印辖七十一堡总兵官都督同知一，镇守大同挂印总兵官都督佥事一……挂印镇守汉羌、兴汉等处总兵官都督佥事一，镇守甘肃等处挂平羌将军印总兵官都督佥事一，镇守延绥等处挂印总兵官都督同知一……镇守潮州、饶平等处援剿无分疆界闽界挂印总兵官左都督一……镇守广东碣石水师沿海等处挂印总兵官左都督一……镇守广西地方总领官挂征蛮将军印提督各路土司控制苗夷总兵官左都督一……"其余的大部分均为没有挂印的普通提督、总兵官。

王之春《椒生随笔》卷五《挂印总兵官》："前明以公、侯、伯都督挂印，充各处总兵官，如宣化曰镇朔将军，大同曰征西前将军，延绥曰靖虏副将军，宁夏曰征西将军，甘肃曰平羌将军之类。文皆柳叶篆，无将军名者皆叠篆文。本朝仍明之旧而损益之，挂印总兵官凡九缺：宣化、大同、延绥、陕安[其中陕安即前之兴汉，嘉庆五年（1800）改设]、凉州、宁夏、西宁、肃州、台湾，近又添设皖南一镇，共十镇。有挂印之名，无将军之号，即事权亦较逊焉。"

《清稗类钞·爵秩类》："挂印总兵：明以公、侯、伯、都督挂印，充各处总兵官，国朝仍明之旧而损益之。挂印总兵官凡九缺，宣化、大同、延绥、陕安、凉州、宁夏、西宁、肃州、台湾、皖南凡十镇。然有挂印之名，无将军之号也。"

可见并不是所有地方总兵官都可挂印，只有十镇才拥有这个资格，且主要分布在西北边陲要塞，当然，按照吴振棫的记载，清初的总兵官

驻防将军纛旗图

选自大清会典。清最初是以八旗兵分驻各省要地,称为"驻防"。后因国防需要,在全国设驻防将军共有十四人,分别驻守盛京、吉林等地

驻防纛图 将军都统副都统用

驻防将军都统副都统纛
盛京绥远城江甯西安伊犁将军察哈尔都统热河都统京口副都统皆用镶黄吉林杭州福州甯夏将军山海关青州察哈尔右翼副都统皆用正黄黑龙江荆州成都广州将军凉州察哈尔左翼副都统皆用正白俱如八旗都统纛之制

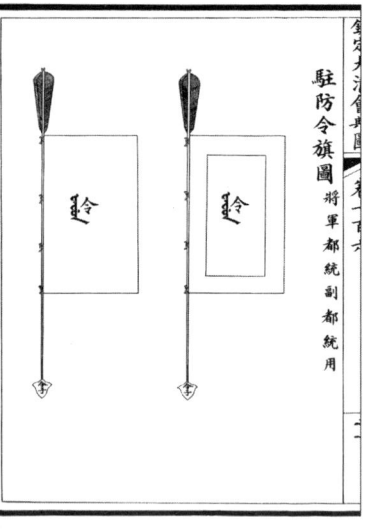

驻防令旗图 将军都统副都统用

驻防将军都统副都统令旗用缎各从纛色皆正幅销金令字及注衔皆清汉文縰径一尺五寸五分斿径九十五分贯以令箭箭长三尺髹朱皁鵰羽上括下鏃鏃面錽银令字分十二辰皆清汉文绿营督撫提镇令旗用黄缎斜幅縰径一尺八寸斿径二尺四寸餘俱如驻防令旗之制

酸寒尉像

清代,任颐画。浙江省博物馆藏。画中的酸寒尉指海派画家吴昌硕。"尉"是武官的意思,具体官职要看"尉"前面的称呼,比如校尉、城守尉、防守尉等

也像明代一样,可以挂将军印,不称将军则应是后来的事情。因此挂印总兵官的职权是大于一般镇守总兵官的,当一个地方没有总督、提督等高级军事统领时,挂印总兵官则行使最高军事权力,如台湾,因其独特的地理条件,其总兵官挂印出任。刘良璧《重修福建台湾府志》卷十四《职官二》(武职):"雍正十一年,总督郝玉麟于台湾善后事宜等事案内,题请台湾镇照西陲边疆之例,改为挂印总兵官,俾重声威、资弹压。"其中陕安即前之兴汉,嘉庆五年(1800)改设。

第四章 从武艺到文艺——武状元的必备能力

武状元首先是武林高手,据民间资料显示,许多武举人士都是武术世家,有很深的拳技根底,如康熙五十一年(1712)壬辰科武探花河南内黄人杨炳就是著名的梅花拳大师。

武状元在文艺上有显著成就的很少,一般来说,武举登科之后或选授宫廷侍卫,或简放地方武官,由于他们多不擅文辞,故此也没有多少著述传世。康熙癸未科武状元曹维城却是一个例外,曹维城武可夺魁,又有诗文画作传世。

我们试着从曹曰玮与曹雪芹的关系开始探讨武状元的武艺与文艺。

第一节 风流第一人——曹曰玮家族与曹雪芹家族

曹曰玮与《红楼梦》的作者曹雪芹有什么关系?

似乎是八竿子打不着的事。

其实不然。

康熙三十三年(1694)底,曹曰玮高中武状元之后,曹雪芹的祖父曹寅立即写信将此喜讯告诉了山西朴学大师阎若璩(1636—1704),阎若璩给他回赠了一首贺诗:"又得泥金信,风流第一人。沙平新赐马,地近早攀鳞。伊陟仍传户,延年但逊身。古来饶盛事,未若此殊伦。"(《潜丘札记》卷六《赠曹子清侍郎四律》第三首)在"风流第一人"句下有"谓阿咸状元"注文,这个"阿咸状元"就是曹曰玮。

朱南铣先生在《关于脂砚斋的真姓名》一文中说道:"……曹寅把一个入顺天籍的安徽贵池人曹光国的长子翰林院待诏曹曰瑛(即《诗

江宁府校场 选自《康熙南巡图卷》，清，王翚等作。康熙皇帝南巡时，时任江宁织造的曹寅曾数次接驾，图为康熙皇帝于江宁府校场的情景。

钞》中的"渭符侄"）、次子武状元曹曰玮（即阎若璩赠曹寅诗注中的"阿咸状元"）认为侄……"（载1962年5月10日《光明日报》）刘世德先生后来在《曹雪芹祖籍辨证》一书中进一步解释："'阿咸'用阮籍之侄阮咸的典故，借以说曹寅之侄考中了状元。"（中国大百科全书出版社，1998年版，第322页）

曹寅《楝亭诗钞》卷四有诗《渭符侄过慰有作，时颁诏

入闽,恩许还家上冢,便道至白下》:"王程秋欲迈,间道子重过;多难怀兰讯,高眠共竹柯。真言温室树,嘉遁碧山阿;草草瞻家庆,还如泪眼何。"此诗所称"渭符侄"即是曹曰瑛。

既然曹寅把曹曰瑛、曹曰玮兄弟都称作侄子,那么作为曹寅孙子的曹雪芹与曹曰玮是不是就有关系了?当然,曹曰玮应该算曹雪芹的叔辈。

我们看一下他们的生卒年代信息：

曹寅，生于顺治十五年（1658），卒于康熙五十一年（1712）；

曹曰瑛，生于康熙元年（1662），卒于康熙六十一年（1722）；

曹曰玮，生于康熙十年（1671），卒于康熙四十五年（1706）；

曹雪芹，生于康熙五十四年（1715），卒于乾隆中期（约1763年）。

从中可以看出，曹寅实际上比曹曰瑛只大4岁，所以，虽然他们之间并不同宗，但应该是联过宗、序过辈分，因为据他们的家谱来看，两家所尊宋代祖先曹彬和曹利用为叔侄关系。而曹雪芹出生时，曹曰瑛当也祝贺过，曹雪芹虚龄八岁时曹曰瑛才去世，所以双方也应该见过。

再看曹寅与曹曰玮的关系，他们之间相差十三岁，从年龄上称叔侄是比较合适的。曹寅也是文武双全，十六七岁时就成为康熙帝的侍卫，深得皇帝恩宠，康熙二十九年（1690）出任苏州织造这一要职。曹曰玮有着与曹寅相似的才气及履历，应该说曹寅一直在关注着这位晚辈的成长，所以当曹曰玮考中武状元后，他可能主持或参与了曹家的庆祝活动，给一些师友发信报告情况或者邀请他们过来共同感受曹家的荣耀。

曹寅在任江宁织造期间，设局刊刻大批书籍，广交江南"遗民"及文艺界人士，时任翰林院待诏的曹曰瑛也曾参与进来。如康熙四十五年（1706），曹寅刊刻《楝亭五种》，其中《类编》《集韵》有朱彝尊跋，跋后列有校勘者三十二人，曹曰瑛是其一。曹曰瑛还曾参与图书征集事务，如征集施闰章《学余全集》。

新镌全部绣像红楼梦

宝玉

二

清乾隆五十六年（1791）木活字、程甲本。红楼梦流传的版本较多，研究者将其分为脂砚斋评本、程高刻印本（程甲本）两个系列。脂评本保存了原著的本来面貌，程高刻印本是经程伟元、高鹗整理补缀的一百二十回木活字本

曹雪芹家族所尊祖先曹彬，是北宋开国名将，南唐后主李煜就是曹彬率军征服的。而曹曰玮家族所尊祖先曹利用，也是北宋名臣，著名的"澶渊之盟"就是他作为宋朝的代表签订的。

宋仁宗天圣年间，曹利用为人所陷，"诸子各夺二官，没所赐第，籍其货，黜亲属十余人"，利用自缢屈死，其子曹清由本"出知泉州"而"旋改彭泽令"，因叹曰："昔陶靖节不为五斗折腰，高风殊可溯也。"有说东晋陶渊明晚年曾居于贵池以西的牛头山，读书种菊，清心寡欲，过着"采菊东篱下，悠然见南山"的逸情生活。曹清（1001—1073）长于诗赋，与范仲淹、石延年为忘年交。天圣七年（1029），曹清"遂解绶出玉壶过清溪放歌九华卜居震峰之麓（白笴陂），仿柴桑遗意，自号'怀陶'"，曹清所选择的贵池曹姓肇基地，东望九华山，前傍秋浦河源，当年李白行至此地，留有《游秋浦白笴陂》诗："何处夜行好，月明白笴陂。"有宋以降，许多文人墨客慕怀陶公之高节，游历此地，或与怀陶公之后相宜，留有诸多诗词歌赋，如《曹氏宗谱》上就有范仲淹的《泉州改彭泽范希文公酬词》、王安石的《荆石王公赠伯玉公》诗、黄庭坚的《山谷黄庭坚至池州访万譿公因作怀陶公挽词》、郑樵的《赠纬公及亲家刘鼎》诗，另外谱上还有五代名臣高行周的《咸通堂记》、清钱希孔的《东壁堂记》、桂超万的《皇清赐谥忠节故明总兵官封定南侯曹公碑》。曹清去世后，贵池令夏中正（南唐诸生，入宋知贵池县，乾隆《池州府志》有传）为其作墓志铭，收在谱中，墓址《池州府志》有载。曹清三子，都有功名，长万记将仕郎，次万譿承议郎文思院提辖，三万诚镇江提干；孙十一人，也多有官职，如第三孙仁海，历任襄州、袁州刺史、光州正将,秩武翊大夫。

南明将领曹大镐,就是曹清的后裔,其父曹参芳,"博学砥行,尤精易学",有著作《逊国正气纪》传世。大镐原为方国安部将,"顺治二年,江南既下,明中丞程公世昌荐公于桂王,称其才可大用,王倚任之,命往江西收残卒,军声复振。以功授总兵官,旋授浙、直、江、闽总督,节制三十六营文武,赐蟒玉、尚方剑,兼兵部尚书,挂平海大将军印,中军都督府左都督,少保兼太子太保,封定南侯";顺治五年(1648)揭重熙入闽,大镐率师来会,"声颇振";顺治八年(1651)四月廿一日,大镐率领数骑出闽,行至黄村时,遭埋伏,终被擒,解至章京,清廷劝降,曹坚决不从,他在狱中三月,曾三次上呈《请死书》;八月廿一日,曹大镐与堂兄曹大铨等终被斩于章江门外,其兄大监持书函首以归,葬曹村东坑岭下,有血衣遗书留传族人;乾隆四十一年(1776),曹大镐名字载入钦定《胜朝殉节诸臣录》,赐谥号"忠节",道光四年(1824),建忠义祠,立忠节碑;大镐亦善诗文,光绪《贵池县志》收有诗作《苍玉峡》:"石罅眠千尺,神仙尚有踪;天高分日月,地险匿蛟龙;折递常疑绝,行来恐不容;何年还独立,试剑破云封。"遗著《化碧录》。事见查继佐《鲁春秋》、温睿临《南疆逸史》等南明史资料。

缟溪,一名浐溪,源出九华魁山下,曹家就在缟溪溪边,这里东临九华山,清代属开元乡,故称"开元缟溪"。笔者2003年到缟溪时,看到本地的建筑是"亚徽式"风格,原貌基本保存完好。这里还有古老的傩戏,傩,是古代驱逐疫鬼的一种仪式,《淮南子·时则训》许慎

注:"傩,散宫中区隅幽阁之处,击鼓大呼,以逐不祥之气。"唐人王建有诗:"金吾除夜进傩名,画袴朱衣四队行。"陆游《老学庵笔记》中也有记载北宋政和时傩的盛大场面。但这种古文化至今已渐消逝,而贵池民间素有"无傩不成村"的谚语,仍保留有傩戏残存,它也是研究中国戏曲史的活化石。贵池傩戏每年农历正月初七至十五在祠堂演出,缟溪曹家说这里傩戏最为接近原始面貌。

曹日玮自称为秋浦人,且号秀山,都是源自他的家乡山水之名:秋浦河与清溪河为纵贯贵池的两条主要河流,唐朝大诗人李白曾三上九华,五游秋浦,留下诗作近百首,其中《秋浦歌十七首》的第十五首:"白发三千丈,缘愁似个长。不知明镜里,何处得秋霜。"脍炙人口,童叟皆知。秋浦河口有著名的"杏花村",晚唐诗人杜牧,于会昌四年(844)九月由黄州改任池州刺使,在池阳两年,曾留下几十首诗篇,其中《清明》"清明时节雨纷纷,路上行人欲断魂。借问酒家何处有?牧童遥指杏花村。"使杏花村千古扬名。贵池在唐代是以秋浦之水名县,虽在五代时更名贵池,但因在唐代已名冠天下,故后来仍以秋浦为贵池别称。秀山,贵池名山,乾隆《江南通志》:"秀山,在府西南八十里,迭嶂如屏,贵池在其下。"梁昭明太子萧统也曾在秀山筹著《昭明文选》,山上有昭明太子祠和文选楼,山下有著名的秋浦河玉镜潭,昭明钓台在其畔,还有汉石城故址;池州故城曾有六门,西曰秀山门。

曹日玮的祖父曹世武,据家谱记载,原名曹世伦,字号及生卒信息不详,"曾任陕西西安府山水县县尹",与原配雷氏、继配张氏

曹彬画像

四世 叔祖 彬公像

穆穆濟陽
仁厚慎敬
撫師專征
武畧亦兢
義不妄殺
秋毫不私
一代元戎
忠貞無貳

錢若水讚

曹利用画像

五世祖太傅韓國公利用公像

勳舊之裔
當世之傑
名播中華
威加胡越
輔佐明府
無讒維烈
天下俯首
盡忠不阿

慶城趙槃讚

曹清画像

六世祖貴池曹村始祖立公像

節之堅兮
霜烈雪德之
清兮寒潭秋
月兮彭澤辞官
上同靖節倚
歆我公千載
名傑

雲巢沈遵撰

曹世武画像

世武公像贊

敬以持躬忠能敉後
遺緒攸長孫枝挺秀

洪恩
載錫
襄衬總胄銘勒鐘彛
皇王萬壽

姪孫曹文蔚頓首敬題武目太守

缟溪曹氏宗谱

此为贵池缟溪曹家秘藏乾隆二十九年（1764）宗谱。文中涉及的曹家先祖画像，供读者图文对应阅读，我们从中选了部分

合葬于京师永定门外柳河园。光绪《贵池县志》记载曹世武为"陕西邠州三水县尉"。按陕西三水县即今旬邑县，家谱中所记"山水县"当误。另查有关志书没有找到曹世武的更多信息，可能是他的职级较低，或志书漏记的原因。但显然曹世武是他们小房头里从缟溪大山中走出来的佼佼者，至于他是以什么功名出仕，《曹氏宗谱》中没有相关记载，不知道为什么曹日瑛没有在家谱中为其祖父立传。曹世武不但走出了大山，而且后来移居京城，这为武状元曹日玮的成功打造走出了关键性的一步。曹日玮之所以字"继武"，肯定是与祖父名"世武"有关，按古人取名习惯，当祖父或曾祖父在家族中有特殊荣耀时，子孙起名一般喜欢用"绍祖""继祖""念祖""承祖""绳祖""绍曾""继曾"等来表示追念，如南开大学老校长杨石先原名"绍曾"，就是因为他的曾祖父杨秉璋是与翁同龢同科的进士，为安庆天台里杨氏中兴之祖。

曹日玮的父亲曹光国，为曹世武的长子，字尚宾，号华庵，家谱载官任浙江海盐县丞，生于崇祯六年癸酉（1633）七月，卒于康熙四十八年己丑（1709），葬下湖西与曹日玮同墓。光绪《贵池县志》载为"浙江金华府浦江县尉"，其妻族《宏溪方氏宗谱》载为"浙江海宁二尹"，按"二尹"为"县丞"的别称，明清无"县尉"，故曹世武、曹光国父子都应是县丞，其职位仅次于知县，为正八品文职。查乾隆《海宁州志》卷七有载："赭山司巡检：曹光国，贵池人，康熙三年任。"按"巡检"为九品小官，"巡检司"有点像今天县公安局以下的公安分局或派出所，负责巡逻、捕盗等，晚清名流彭玉麟的父亲彭鸣九就当过

曹日瑛画像

日瑛公像赞 傳畧併開于佐

純儒行誼才子風流
學成鴻博書繼翼鶚
雖工虎爪實掌鶴頭
恩荣寵果弈葉蒙庥

姪 孫曹圕棟頓首拜題 癸卯 獅鳶

曹光國画像

光國公像贊

善積厥躬慶餘于子
弓冶遺民韜鈐濟美
帝命視承
天麻薦祉念此
寵荣干城永矢

族姪曹文裔頓首敬題 丙子 獅鳶

怀宁三桥巡检。曹氏宗谱中也没有为曹光国立传，仅在"缟溪八景"的"白云洞"条下有这样的注释："旧云'鼻儿洞'，一日光国公游其处，忽现水滴'白云洞'三字，遂以显名。"按《池州府志》的记载，曹曰瑛"父光国，倜傥有大志，始仕不遂，乃游都门，占籍京卫，授一子以文，授一子以武。"说明曹光国志向远大，对在地方上当县级以下的小官不如意，于是移居京城，把希望寄托在培养下一代上，他让长子学文，次子学武，后来获得了当地户籍，享受到京师的优质资源，于是曹曰瑛才以顺天籍的"高考移民"身份参加武科考试。两个儿子后来取得的成就也满足了曹光国的期许，堪称培养下代的成功案例。

曹曰玮的母亲方氏，为贵池宏溪方，前面已经叙及，据其族谱记载，方自逵生有二女，长女"节姑"适曹光国。方节姑的生卒年月在两家族谱中都没有记载，按康熙《池州府志》的线索，康熙四十三年（1704），曹曰玮在接到调令去陕西靖远卫任副将之后，随即遭遇母亲方氏去世的变故，康熙帝特命他"在任守制"，也就是说方氏是卒于康熙四十三年。曹、方两家族中也没有更多关于方节姑的传说。

方氏去世时，是俞益谟升任湖广提督一年后，曹曰玮肯定是把他"在任守制"的情况写信告诉了俞，俞益谟在得知了这个消息后，写了一篇挽词《挽曹母方太夫人文》（柏梁体）（《青铜自考》卷十一，《四库禁毁书丛刊》集部第17册，北京出版社1997年版，第429—430页）：

于惟坤顺媲乾刚，大哉至哉万物芳。王化闺门所自创，徽音几见颂家邦。夫人鼎族毓于方，秀孕九华诞厥祥。阀阅穹隆遥与望，金闺月透罕窥妆。慢须咏雪露才芒，诗书大义领煌煌。年当十四八鸾锵，操作而前苦备尝；一缸荧荧炯夜光，读书纺绩共相将；徽君何用鸡声扬，坐昏达曙每寻常，亭亭双影上高堂，请得起居意殊庆（音光）。殷勤甘旨入厨房，蓦地黯黯泪承眶；虽欣堂上几杖康，转悼亲姑及早亡。眉齐案举礼相庄，君子七尺何昂藏；笔扫龙蛇气凌苍，悠游宁不负虞唐。脱簪卸珥解明珰，资君万里戒行装；宣平一奏声价昂，拾得青紫如探囊。易水澄清浙水汤，誉闻不减汉循良；缘无媚骨讵项强，人生荣辱奚所妨。彭泽归来菊花香，慰劳且进眼前觞。谯国嗣今大发皇，冢君先振羽凤凰，蜚才艳藻重岩廊，身前拟是陈思王。魏武最爱黄须郎，仲君梗概无颔颃，鹰扬独压三百行，御笔亲题状元坊。难兄黼黻美文章,出入承明在帝傍;难弟珥貂卫龙骧,巍作金汤寄边长。燕山两两桂枝黄,一经有济果克昌;兼之丸熊夜不遑,宜乎鹊起而翱翔。天王有诏赐丹黄,联翩褒玺出未央,盛德厚福寿无疆,应看儿孙笏满床。何为金姥谢尘乡,顿捐天禄饮露浆,壶范凋陵世所伤,能禁骨肉痛彷徨。愚忝通家意怏怏,莫获絮酒听睎阳,但写哀娄付柏梁,翘首云轿下大荒。

这篇文字详细叙述了方氏在曹家的经历:她年方十四岁的时候就嫁给了曹家,纺织陪读通宵达旦,上奉高堂,下入厨房。转而哀悼亲姑的早亡。为了资助丈夫走出缟溪大山,她卖掉了首饰作为盘缠。曹光国先后在河北(易水)、浙江(浙水)为官,因不善诣媚拍马,后干脆辞官回家,专心培养下代。不久曹家发迹,先是长子曹曰瑛"以文翰供奉内廷",在皇帝身边办事,继而次子曹曰玮高中武状元,皇帝还给状元坊御笔亲题坊名,这一重要信息未见其他文献记载,据缟溪曹氏的传说,当地曾建有"状元厅",因曹曰玮早逝而废毁。

曹曰玮的兄长曹曰瑛,字渭符,号恒斋,生于康熙元年(1662),卒于康熙六十一年(1722),卒葬北京柳河园。据家谱记载,原配高氏生子允炽,继配张氏生子允灿,继配吕氏生子允杰、允烈,继配罗氏生子允熺。长子允炽名京生,早卒无后。次子允熺,字子安,号雨亭,生于康熙四十七年(1708),乾隆九年甲子科举人明通榜,据《北京市志稿》载为第二百四十名举人,乾隆十一年(1746)任巨鹿县教谕,乾隆二十三年(1758)升大名县知县,到任三月卒于官,虚龄五十一岁,葬柳河园,原配商氏携子遵先进京守墓,后裔失联,家谱无载,柳河园墓图也未见其墓地。三子允杰，字汉三，号竹亭，居缟溪，传三代至"天"字辈后失考。四子允烈，早卒无后。五子允灿，居缟溪，2003年陪我们考察状元墓的曹加财即是其直系后裔。

曹日瑛并非科举出身，据康熙《池州府志》载："曹日瑛，以文翰供奉内廷，特授翰林院待诏。"另据《曹氏宗谱》中曹允显所作《日瑛公传略》载："侧闻叔父自成童时，即以诗文见重当柱，于康熙三十三年得遇翰林侍讲米讳汉文（当为米汉雯，翰林院编修，擅长书法、绘画及篆刻，其祖父米万锺是明末与董其昌齐名的书法家）以博学鸿儒特荐，蒙圣祖仁皇帝恩旨，召入廷试，即赐为内廷翰林，着在御书处、南书房、养心、武英等殿，日与重大臣校对各种御书，而纂修缮写皆推吾叔为独多。"也就是说，在曹日玮考中武状元那年，曹日瑛被米汉雯推荐参加博学鸿儒科，经皇帝亲试入选内廷供奉的，根据俞益谟写的方氏挽词可知曹日瑛入选内廷的时间当在曹日玮中状元之前。

曹日瑛不但以诗文见长，其书法更为时人推崇。吴修《昭代名人尺牍小传》："曹日瑛，字渭符，号恒斋，安徽贵池人，大兴籍，官翰林院待诏，内廷纂修，工书。"张鸣珂《寒松阁谈艺琐录》："曹日瑛，字渭符，号恒斋，安徽贵池人，官待诏，内廷纂修，工画（原文可能有误，当为"书"，因繁体字"畫""書"形近易误）。景剑泉阁学藏有小楷绢本册四十叶，珠圆玉润，馆体正宗。"震钧《国朝书人辑略》："曹日瑛，字渭符，号恒斋，安徽贵池人，大兴籍，官翰林院待诏，为人古貌古心，士林钦重，兼善书法《画征续录》）。"《日瑛公传略》则有更为详细的描述：

是叔父不惟诗赋文词日达宸聪，频蒙奖赏，而字之精妙又未尝不

曹日瑛书法

选自《沽冷楹联汇刻》，清，吴隐编。此联源于宋代诗人陆游《睡起至园中》

浅碧新醅斟家酿酒
小红初试手栽花

曹日瑛

为圣主所推爱也，即如康熙五十七年，欣逢礼部奏请恭迎皇太后神主进太庙，并立皇碑，已经掌院派善书翰林狄讳贻孙、汪讳士纮[当为汪士鋐，康熙三十六年（1697）会元，殿试二甲第一名进士，著名书法家，被时人誉为"国朝第一"]先书碑文式样进呈御览，奉旨，这碑文乃系垂后大典，此字如何去得，内廷现有翰林曹日瑛，朕知他写的好，着他在中正殿清净地方书写可也，钦此。若非圣主素所推爱，亦何得有此异数之简任耶？叔父名闻至此愈重，自京师传之各省，前来求字者车马临门，殆无闲刻。叔父惟有日则进内办公，至晚回署，即燃双烛，常书至三更方止。

曹日瑛的书法作品有较多传世，比较著名的有《昭代名人尺牍》收录的信札、

《名人楹联墨迹大观》收录的隶书七言联、《苏长公小品》册页收录的隶书小品、冷枚《白描罗汉》图中的隶书配文、"宋拓神龙兰亭"中的隶书题跋、《折柳赠别图》中的三处题跋，以及北京市崇文区广渠门内夕照寺《育婴堂碑记》碑额篆文、北京市西城区厂桥南钱串胡同《重修天仙太平庵记》碑文、北京市朝阳区东岳庙《东岳庙子午胜会碑记》碑文、北京市朝阳区东岳庙《东岳庙路灯老会碑记》碑文、北京市朝阳区东岳庙《修建公输仙师碑记》碑文、北京市西城区南长街玉钵庙《重修真武庙碑记》碑文，另外还有大量真迹存于宫内，如据朱家溍《历代着录法书目》记载，曹曰瑛书《金刚经》九册、《摩利支天宝忏》一册、《大佛顶首楞严经》十册。另据《康熙朝满文朱批奏折全译》武英殿总监造和素奏折披露，康熙五十三年（1714）三月二十五日，玄烨钦命曹曰瑛缮写一部《周易本义》以便刊刻之用。

据家谱记载，曹允熺之子曹允熺去世后，原配商氏携子遵先进京守墓，居于西华门内"赐第"；曹曰玮去世之后，其妻刘氏亦携子允燿回西华门内"赐第"居住，允燿字朗如，候选县丞，生于康熙三十九年（1700）庚辰，卒于乾隆二十四年（1759）己卯，刘氏与允燿卒后均葬柳河园，允燿一支传至孙辈"时吉"后失记。

可见曹允熺的妻儿均先在缟溪居住，后进京与曹曰玮的妻儿同居西华门内赐第。按赐第西华门是件非常荣耀的事情，王士禛《池北偶谈》卷二《赐居第》条载："《翰林记》：洪武中，赐编修罗复仁居第，宣德中，赐杨溥第于东安门。康熙丁巳，上命左谕德兼修撰张英内直讲书，特赐第西华门内；翰林院侍讲高士奇亦然；后杜编修讷亦赐第

面壁示禅 选自《白描罗汉》，清，冷枚绘；曹日瑛隶书配文。图中讲述的是达摩在少林寺"面壁九年"的事迹

厚载门。"乾隆时阮葵生《茶余客话》卷八《赐第》条载："历静海杜讷以编修赐第厚载门，张文端以谕德，高江村以侍讲，朱竹垞以检讨，赐第西华门，江村先以詹事主簿赐第，后蒋青桐、查声山皆赐第西华门。"曹家因何被赐第西华门，可能与高士奇一样是康熙帝赐给曹日瑛 [曹氏宗谱载有曹日瑛诗《奉怀家大人旋里》："赐庐寂寂上元春，独酌残灯念老亲；白发萧条游故里，青山

光宠藉新纶（弟玮叨赐及第）；纵谈四十年来事，细认千余族里人；此夕献酬能乐否，莫怜儿辈太清贫。"诗中提到的"赐庐"即是"赐第"]的，也或许是赐给曹日玮的"状元第"（给武状元赐第的可能性不大），没有更多的文献可资考证。

随着居住北京的曹氏与老家失联，后来祭扫和维护状元墓的任务就落在老家缟溪曹氏的身上了。前面我

朱彝尊赐宅图 出自唐土名胜图会

们已经知道，到了历史某一时期，不知遭遇了怎样的劫难，状元墓只剩下一块嘉庆年间立的石碑，给人留下难解的谜团。然而到了2011年左右的时候，状元墓又一次面临巨大的劫难，因城市的扩张，房地产开发的需要，状元山要被铲平。

虽然曹氏族裔及本地人士多方呼吁保护状元墓，但最终还是无济于事。2012年5月，状元墓被迫迁往齐山。墓冢上黄泥土被揭开后，显示墓室为小青砖砌成，没有被盗迹象。挖开墓室后，没有发现棺木，尸骨也所剩无几，红壤中的酸性物质和白蚁的侵蚀严重破坏了墓穴里面的有机质。从出土的物件来看，几乎没有什么陪葬品，除了曹日玮

穿戴衣冠残留物（玉佩、腰带、朝珠等的残件）及铜钱若干枚之外，没有发现任何其他物品。虽然曹曰玮身处盛世，且官拜一品，但竟然没有一件像样的陪葬品，如果排除被盗、迁葬等可能，只能说是因为受清初推行薄葬的影响。

2019年1月30日，江南的冬天依然寒风凛冽，笔者与十六年前的同行友人、曹氏族裔及媒体界朋友、武术界人士［2003年同行考察的有池州方志办的李剑军先生、方先生（考察曹村后返回）、我的学友产文满医生（全程）等，当时缟溪接待的有村支书柯国来、沈书记等，曹季泉先生是主要采访对象，陪我去状元墓的是曹其根和曹加财先生。2019年同行的除李剑军、产文满外，还有笔者的父亲张本吟、安庆市根亲文化研究会会长兼《皖江晚报》记者任祥斌先生、形意拳传人谢忠赤先生、安庆黄梅戏学校庞湃先生，贵池曹氏有曹季泉、曹其根、曹根苗、曹加财、曹贵钟、曹必冉等诸位先生，因人数太多，有的已记不清姓名］来到齐山，再次瞻拜状元墓，真是感慨万千，无以言表。这次的缟溪之行，还有一个新的收获，那就是受赠了一套刚刚续修完成的《礼和曹氏宗谱》，而且是"地"字第二号，硕大的谱箱里满满装载了六十九卷新谱，颇为壮观。记得2003年我们到贵池棠溪乡曹村时，只看到了零散的几本光绪年间续修的曹谱，后在缟溪时也只见到了已残破不堪的乾隆旧谱，心中甚是遗憾。

由于一直留意搜集与曹曰玮相关的文献，2006年初，笔者得知浙江慈溪的家谱收藏家励双杰先生有一套光绪丙子年（1876）《礼和曹氏宗谱》，便与他取得了联系，后又将此消息告知了缟溪曹家。经过几年的酝酿，2009年夏，贵池礼和曹氏终于从慈溪复制了全套家谱，并启动了续修程序，这次修谱花了将近十年的时间，最后在2019年初告竣，失修一百四十三年的状元家谱终于得到了延续。

第二节 "枪挑小梁王"——武状元的武艺

小说《岳飞传》中有一个情节"枪挑小梁王",说的是岳飞进京赶考,争夺武状元,其对手是小梁王柴桂,文场和射箭比试之后,是马背上持兵器对抗,为一决雌雄,双方在校场上立下"生死文书",结果柴桂被岳飞当场刺死。

这当然是小说家演绎的故事,武科考试并无二人直接对抗的环节,持兵器对抗肯定会造成意外伤亡事故。另外也不会有拳脚功夫对打或单人表演的环节,武科考试要求的"技勇"仅限于弓刀石、马步箭等表演内容,这是冷兵器时代上阵打仗最基本也是最实用的功夫,而不将拳脚功夫列入考试内容,这在戚继光的《纪效新书·拳经捷要篇》中就已经谈到"此艺不甚预于兵"。但这并不说明武举人士就不习练拳脚功夫,戚继光也说道:"能有余力,则武门所当习。"据民间资料显示,许多武举人士都是武术世家,有很深的拳技根底,如康熙五十一年(1712)壬辰科武探花河南内黄人杨炳(朱彭寿《旧典备征》卷四《武鼎甲考》记载:"壬辰状元李显光,榜眼杨炳。"探花缺。乾隆《彰德府志》载杨炳为探花,《康熙起居注》记该科武状元为李显光、榜眼为李维扬、探花为杨炳。关于杨炳可参见:张全海:《梅花拳史献疑》,《精武》2008年第10期)就是著名的梅花拳大师。

曹日玮作为武状元是否练过拳术,甚或其所习为哪种拳术?从前面所有资料中我们都无法找到线索,这就需要转换角度,从武术文献中寻找信息。

笔者最早了解曹日玮是在读大学期间,1995年前后跟老师习练心意拳〔也叫心意六合拳、六合心意拳、六合拳等,名称不一,据传其创始人为山西永济人姬际可(字

岳鄂王

选自古今君臣图鉴。岳飞,字鹏举,初谥武穆,改谥忠武,河北西路相州汤阴(今河南省安阳市汤阴县)永和乡孝悌里人。岳飞天生神力,能开三百斤(今九六千克)之弓、八石(今二百三十七千克)之弩,拜师于弓术名家周侗,能左右开弓。后世武林形(心)意拳将岳飞奉为始祖,有岳武穆王拳谱传世。

龙峰），拳谱中或称"姬隆风""姬龙凤""姬龙、姬凤"等，后代形意拳、大成拳（意拳）、金家功等均为心意拳的衍生拳种］，从武术资料中看到了相关表述。拳界广泛传抄的一篇文字《六合拳序》，有的版本说是山西祁县小韩村戴龙邦在乾隆十五年（1676）作于洛阳马学礼家里，此文中说戴氏的老师就是曹曰玮（字继武），《六合拳序》的有关内容是：

天下之治道有二，曰德曰威；天下之学术有二，曰文曰武。然武之所重者，技艺也，况国家讲礼有法，蒐苗狝狩，各有其时，而其间精微奥妙，各有不容率意妄陈者，余尝拟著为论，公诸同好，时恐言语不精，反误后世，此心耿耿，曷其有极。

兹见岳武穆王拳谱，意既精纯，语亦明畅，急录之以志余爱慕之情。

……

王当童子时，受业于师，精通枪法，以枪为拳，立一法以教将佐，名曰意拳，神妙莫测，盖从古未有之技也。王以后，金元明各代鲜明其技也。独我姬公，名际可，字隆风，生于明末国初，为蒲东诸冯人氏，访名师于终南山，得武穆王拳谱。后授余师曹继武先生于秋浦时人不知其勇，先生习练十有二年，技勇方成，康熙癸酉科联捷三元，钦命为陕西靖远总镇大都督，致仕归籍。余游至池州，先生以此拳授余，学之十易寒暑，先生曰："子艺成矣。"命余回晋，至洛阳，遇马公学礼，谈艺甚洽，属余为序，余不文，焉能为序，但见世有勇敢之士，未尝无兼人之力，及视其艺，再叩其学，手不应心，语不合道，何也？不得个中真传故也。

……

顺鸾肘靠身撇打滚
快他难遮拦復外绞
刷回拴肚搭一跌谁
敢争前
旗鼓势左右压進近
他手横劈双行披靠
跌人人識得虎抱頭
要躲無門

拗鸾肘出步顛剁搬
下掌摘打其心拿鹰
捉兔硬開弓手脚必
須相應
當頭砲勢衝人怕進
步虎直擅兩拳他退
閃我又顛踹不跌倒
他也忙然

鴈翅側身挨退快腿
走不留停追上穿莊
一腿要加剪劈推紅
跨虎勢那移發脚要
腿去不使他知左右
跟掃一連施失手剪
刀分易

雀地龍下盤腿法蔦
揭起後進紅拳他退
我雖顛補衝來短當
休延
朝陽手偏身防腿無
縫鎖逼退豪英倒陣
勢彈他一腳好教他
師也喪身

一霎步隨機應變、左
右腿衝敵連珠恁伊
勢固手風雷怎當我
閃驚巧取
搶拿勢封腳套子左
右壓一如四平直來
拳逢我投活恁快腿
不得通融

中四平勢實誰固硬
攻進快腿難來雙手
逼他單手短打以熟
為乖
伏虎勢側身弄腿但
來奏我前撐看他立
站不穩後掃一跌分
明

下插勢專降快腿得
進步攪靠無別鉤腳
鎖臂不容離上驚下
取一跌
埋伏勢窩弓待虎犯
圈套寸步難移就機
連發幾腿他受打必
定昏危

拋架子搶步披掛補
上腿那怕他識右橫
左採快如飛架一掌
不知天地
拈肘勢防他弄腿我
截短須忽高低劈打
推壓要皆依切勿手
腳忙急

七星拳手足相顧挨
步遍上下隄籠饒君
手快腳如風我自有
攪衝劈重

到騎龍詐輸佯走誘
追入遂我囘衝慫伊
力猛硬來攻怎當我
連珠砲動

懸腳虛餌彼輕進二
換腿決不饒輕趕上
一掌滿天星誰敢再
來比並
邱劉勢左搬右掌勢
來腳入步連心挪更
拳法探馬均打人一
着命盡

懶扎衣出門架子變
下勢霎步單鞭對敵
若無膽向先空自眼
明手便
金雞獨立顛起裝腿
橫拳相兼搶背臥牛
雙倒遭着叫苦連天

探馬傳自太祖諸勢
可降可變進攻退閃
弱生強接短拳之至
善
拗單鞭黃花緊進披
挑腿左右難防搶步
上拳連劈揭沉香勢
推倒太山

这篇文字虽然作者不明、来源不明，但在拳界影响深远，山西、河北等地将其奉为经典，以致后来的许多形意拳著作都遵从其中的说法，就是将曹继武定为心意拳的第二代传人。如吴图南《国术概论》："追明末清初之际，有姬际可者，字隆风，访道终南，得武穆之拳经，精心研习，加意探讨，数载揣摹，尽得其妙，遂以其术传授曹继武。继武，为康熙癸酉科武试状元，官至陕西靖边总镇，生平无所好，惟喜武功授人，以娱晚年耳。"靳云亭著、凌善清编《形意五行拳图说》："至清初，蒲东诸冯人有姬际可字隆风者，访名师于川陕间，得武穆拳谱于终南，研习之，尽其术，后以授其徒曹继武，继武以授姬寿，寿序武穆拳谱梓行于世。"刘文华《形意拳术抉微序》："宋岳武穆王精通枪法及为帅时乃脱枪为拳用以教将士，遂自成一道，为后日形意拳术之始，厥后历金元明三代，其技无名，追明清之交，蒲东有姬公际可者访师终南山得武穆拳谱尽擅其技，继传曹继武先生，先生秋浦人，修其术十二年，仕至陕西靖远总镇大都督，卒成一世之业。"

由于武术界极少有人从事拳史研究，加上武术史料的匮乏，所以对于曹继武为心意拳第二代传人这一说法一直没有异议，就连武术史考证名家唐豪、徐震都没有注意到这个问题。1997年，笔者与郭华东撰文《曹继武和心意拳无关》（《武魂》1997年第12期）对这一说法提出了正式质疑。

关于曹曰玮（字继武）和形/心意拳的关系，仅限于上述拳谱记载，从本书前述其他大量文献中看不出他与任何拳种存在关联，我们在采访贵池曹氏和方氏家族时也没有获得相关的信息。另据姬际可家乡山

《六合拳序》 清代，戴龙邦著，是形意拳谱所载最重要文献之一

西永济县张营乡尊村《姬氏族谱》记载，姬际可卒于1683年，而曹日玮生于1671年，如果这一信息不能被推翻的话，就说明曹日玮虚龄十三岁时姬际可已经去世，那么《六合拳序》说他跟姬际可"习练十有二年"就是值得怀疑的。又查祁县《戴氏家谱》抄写本可知拳谱中所说的"戴龙邦"谱名是"隆邦"，字"兴国"，家谱中没有记载他的生卒年月，为了查清这个问题，笔者曾多方追寻祁县县城戴光启支系的刊本族谱，可惜查到祁县文化馆后线索中断，至今无果。然综合高降衡的《形意拳基本行功秘法》[其文是："曹继武……传河南马学礼。学礼与戴龙邦交素笃（龙邦祁县小韩村人，善技击，广交游，时开广盛店于河南十家店），故以武穆拳谱授之，时乾隆末年也……道光二十一年间，有陕西牛希贤者来店就食……闻龙邦好友尚义，故来访究竟，而邦不知也。"] 对戴

龙邦的描述及《南阳县志》(其文是:"……自咸丰中军兴,始行团练法,于是县境各保皆置保甲局,以稽察编氓防盗贼,设总局城中,曰筹防。当是时,县人刘若棣、崔怀玉总局事,局权畸重,有大差徭惊急,非局绅不能办,府县官亦仰给之。乡团甚多,时时生事,赊旗店团长戴文熊尝一日杀数十人,民无敢怨者。军事既平,则务重抑其权,乡里耆老有羞膺其举者。光绪二十八年,礼部郎中李德炳总府团,其权曾不若向时一局长……")对戴龙邦之子戴文熊的描述,可以推测戴龙邦当生于乾隆末年(约1790年),也就是说戴氏的生年与曹曰玮的卒年(1706年)相隔八九十年,所以二人之间也不应该存在师徒关系。

另外《六合拳序》中说曹曰玮"康熙癸酉科联捷三元,钦命为陕西靖远总镇大都督,致仕归籍",均与史实不符。而这些信息来源都是出自曹曰玮的《武经七书汇解》,对此,笔者将在下文再述(另可参阅:张全海:《戴氏心意拳疑案综考》,《中华武术》2003年第8期;张全海:《〈六合拳序〉源流真伪辨》,《武林》2004年第1期)。

有传说曹继武并不是真的病死在任上,而是诈死,化名"南山郑氏",云游四方,并将拳法秘传给戴龙邦。目前还不知道这一说法的渊源,当然,如果说正当盛年的总兵官曹曰玮仅仅因为感染寒热就一病不起而至于殒命,确实有些不可思议(那年他虚龄三十六岁,按安徽南部有"过三十六岁"的民俗,就是相信三十六岁是个人命运的重大转折点,而曹曰玮在会试中的名次又是三十六名,这是不是巧合?)。另外,曹曰玮曾与索额图、高士奇、汪景祺、查嗣庭等辈交往,看到康熙朝时的权势角逐斗争以及文字狱的残酷,根据汪景祺《西征随笔》的记载,曹曰玮在看到那种政治斗争时就采取了规避的态度;加上曹曰玮家与曹寅家的特殊关系,两家府第都在西华门附近,"红学"界有研究称曹寅有反清思想;又夏仲龄在《武经七书汇解》的序言落款中采用"旃蒙作噩"的纪年法,这是"岁星"纪年,落款不以干支纪年，似与一般做法不同；池州当地村民有总兵以九十九棺归葬的传说，李剑军认为这是类似洪门的做法，又考虑到拳界传说的"南山郑氏"，据缟溪曹氏宗谱上的地图显示，曹日玮老家附近有一"南山"，加上有传说洪门、天地会的创始人为郑成功，所以曹日玮似乎有加入洪门的可能性，抑或是更早的白莲教。

这些似乎都暗含有某种迹象，因此，目前还不能完全排除诈死说的可能性。但诈死说最大的问题有三个：一是没有任何直接文献证据，二是为什么要诈死，三是怎样解决诈死带来的巨大风险。曹日玮当时刚刚升为挂印总兵官，是镇守一方的将军，而且"上欲大任之"，正是官运亨通之时，没有任何理由要诈死隐退。另外，诈死乃是欺君大罪，一旦败露不但自身难保，整个家族也要受到株连，后果不可想象，在康乾时期，这么重大的事件要做到密不透风，很难操作。

加上前述状元墓嘉庆十年（1805）碑之谜，可以说曹日玮的生死和武艺都充满了谜团，虽然笔者已关注研究几十年，但今后解开谜团的可能性依然渺茫。

拳经拳法备要

民国二十五年（1936）蟫隐庐刊本，其法为少林宗派

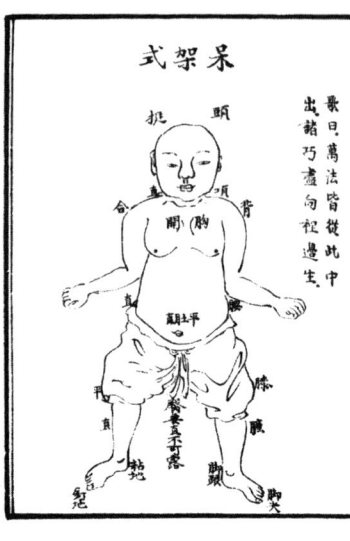

呆架式

歌曰：萬法皆從此中出，錯巧盡向杞邊生

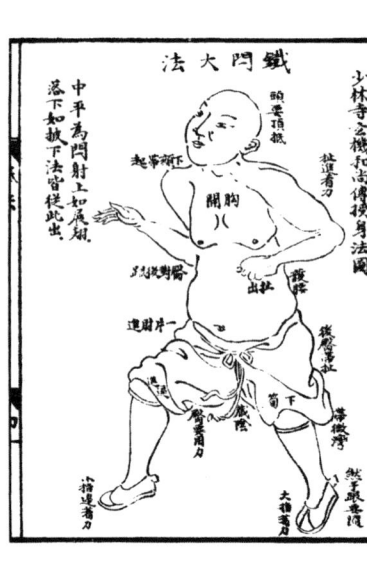

鐵門閂大法

少林寺玄機和尚傳攃身法圖

中平為閂射上如展翅，落下如撇下法皆從此出

捉塘大法

此法最得勢，猛搣學者不習慣此圖也

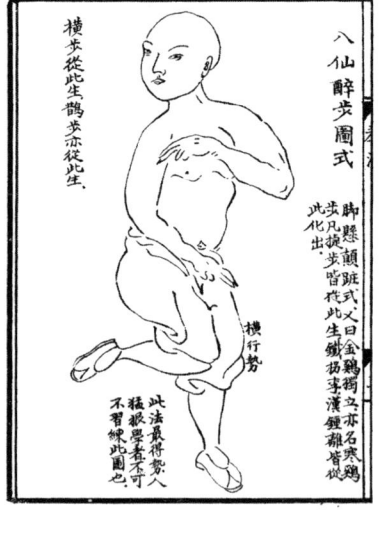

八仙醉步圖式

橫步從此生，鵲步亦從此生

腳懸頓跐式又曰金雞獨立亦名臥雞步凡搣步皆從此生鐵楊李漢鍾離皆做此化出

橫行勢

走外盤式

將人一進而我一閃即
必將從人右腳打
此手從必從片右腳打
此進從人對手進而我
虛從人腰腿下有腳即
也邊從人對手打
邊腿從此腳射在此

腳射在此　腳孔　虛用刀

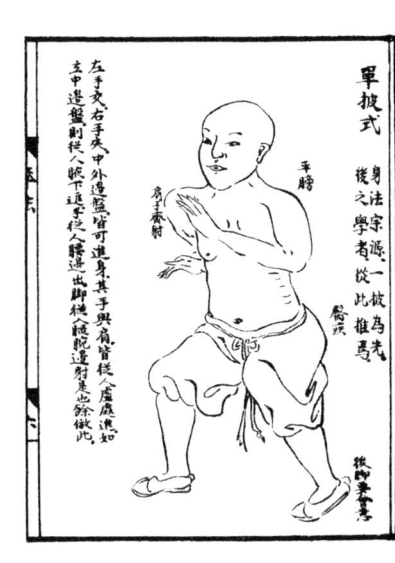

單披式

身法宗源一披為先
從之學者從此推為
左手交右手夾中外邊盤皆可進身其手與肩皆從人虛處進如主申邊盤則從人眼下追手從人腰連此腳踢腿射其餘皆做此

平膀　鳶子穿射

從腳裏穿等

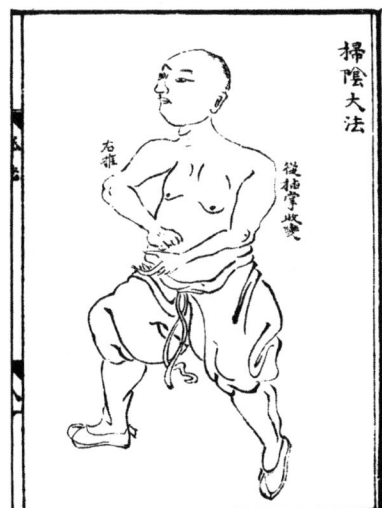

掃陰大法

右雞　從插掌取囊

戲珠大法

別力與前圖仝

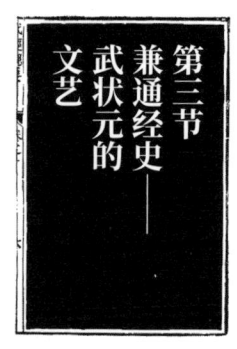

第三节 兼通经史——武状元的文艺

武举制度下,武人不文不是什么稀罕的事情,查清代武状元一百多人,能以文字传世的真是少之又少。虽然清初皇帝曾主张"文武并重",但由于受汉文化的影响,朝野上下还是更注重文科考试。文科殿试之后,新科进士的姓名、籍贯及名次都要郑重其事地刻在"进士题名碑"上,置于孔庙国子监中供世人瞻仰,官私刊印的《同年录》《同年齿录》《鼎甲录》《馆选录》等书籍也有详细记载,播传于世。武科就大不一样了,殿试之后,除了有"会武宴"等庆贺活动之外,既没有"题名碑"制度,也很少有专载其事的书籍。对整个清代武科情况,不要说今天,就是当时人也往往不能言其详,如清末经历过科举考试的朱彭寿《《旧典备征》》、商衍鎏《《清代科举考试述录》》、钟毓龙《《科场回忆录》》等都只能略述其梗概。

武举登科之后或选授宫廷侍卫,或简放地方武官,由于他们多不擅文辞,故此也没有多少著述传世。毕竟像康熙癸未科武状元曹维城那样武可夺魁,又有诗文画作传世的是极为罕见的,所以今天要考察历史上武举人物的情况是一件十分困难的事情。

据笔者所知,在清代一百多名状元中,只有曹曰玮和曹维城二人受到了较多的关注,主要是因为这他们都是文武兼重的家族,且有作品传世。曹维城的父亲曹元肃,为康熙八年(1669)己酉武科解元、康熙十二年癸丑武科进士。曹维城,康熙三十五年丙子武科举人,康熙四十二年癸未科武会元联捷武状元。曹维城的儿子曹石,雍正二年（1724）甲辰武科进士。虽然研究界已有相当多的论著述及曹维城家族，但是仍多流于较浅层面，众多关键问题一直没有得到根本性解决，如关于籍贯问题，就有贵州贵阳、贵州福泉（平越）、贵州修文（此说研究界未予关注，据民国《修文县志稿》记载，曹维城祖居地当在该县乌栗乡）、安徽青阳、安徽南陵等多种说法，研究者多是依据间接材料来推测他们的籍贯，如持安徽青阳说的主要是依据光绪《青阳县志》的记载："曹维城，十一都人，贵州籍，中康熙壬午科第二名，见甲科。""曹维城，十一都人，随父任贵州寄籍，康熙癸未科联捷会状。""曹维城，字南百，十一都人，康熙壬午科举人，癸未会状联元，擢御前侍卫，升授参将。"这里且不说《青阳县志》中记载的曹维城中举的科次与贵州地方志不同，笔者查阅了青阳十一都曹村（今属青阳县陵阳乡济阳村曹家湾）的《墩头曹氏宗谱》，并未找到相关线索，也就是说曹维城不应是这里的人氏。安徽青阳说的另外一个依据是康熙《杏花村志》中有"邑人曹维城《白浦望蓼花》诗"的记载，因青阳县属池州府，故推测此曹维城即青阳曹维城。这个推测最大的问题是搞错了两位曹维城的生活年代，按康熙《杏花村志》作于康熙十三年（1674）甲寅至康熙二十四年（1685）乙丑之间，此时武状元曹维城尚未出生或是幼童，岂能有诗作存世？据贵池《礼和曹氏宗谱》记载，曹曰玮同族也有一位曹维城，是顺治五年（1648）武举人，当过福建建宁府游击，诰授定远将军，卒葬贵池杏花村，所以此诗很有可能是这位曹维城所作。

研究界除了没有搜集曹维城的家谱，对曹氏科考档案也未做任何探索，据笔者所知，中国第一历史档案馆就藏有：康熙四十二年癸未科武会试录（内有曹维城信息）、康熙四十二年（1703）癸未科武进士登录录（内有曹维城信息）、康熙四十二年武科小金榜（内有曹维城信息）、康熙十二年癸丑科武登科录（内有曹元肃信息）、雍正二年（1724）武科小金榜（内有曹石信息），这些都是关于曹家的直接文献。

曹日玮画像 选自礼和曹氏宗谱

研究界更多的是关注曹石的《秋烟草堂诗稿》（亦名《飘书子集》），而对于曹维城的诗文书画资料并未做深耕爬梳，据《画家知希录》记载曹维城"善画"，《黔诗纪略后编》称其"善画能诗"，《晚晴簃诗汇》收录他的诗一首，另据传还著有《进藏纪程》。

其实武状元曹维城与曹日玮还有一些间接渊源，曹日玮的好友俞益谟与曹维城父亲曹元肃是同科武进士，俞益谟《青铜自考》中有两封写给曹元肃的信（《致黔中曹年兄》《致贵州曹年兄》），其中提到曹元肃次子蝉联会元状元后，途经武陵，即湖广提督署所在地常德府，俞益谟在这里见到了曹维城。所以或许由于俞益谟的缘故，曹日玮与曹维城父子可能也有一些交集，只不过由于史料的缺乏而无法确证。对于曹日玮，科举研究界和书目研究界知之甚少，而且还有诸多讹误，如《中

国历代武状元》一书"曹曰玮"篇记述:"曹曰玮,字、号不详,京卫人,生卒年不详……"甚至一些工具书还将他的名字弄错,如许保林《中国兵书通览》记为"曹曰璋",阳海清《中国丛书广录》记为"曹曰暲"。

笔者经过二十多年的搜寻,可以说比较完整地收集了曹曰玮的相关文献,除了官方史志典籍资料外,还有曹曰玮本人的传世诗文、家谱资料、朋友文集及田野考察材料等。

康熙三十三年(1694),玄烨乾纲独断、力排众议,钦点曹曰玮为本科武状元,虚龄二十四岁的曹曰玮从乡试解元联捷状元,定是引起了巨大的轰动,所以也许是凭着这个炙手可热的名声,加之曹曰玮自幼"兼通经史",稍后即着手纂辑武举考试辅导用书《武经七书汇解》。他在该书的序中说,"公退之暇",与黎利宾汇辑古今之说,"推阐隐秘,发挥奇奥","丙子冬杪,集成"。康熙三十五年丙子(1696)即是曹维城中举那年,此时曹曰玮正在当侍卫。后曹外任武官,无暇顾及出版一事,所以直到康熙四十四年(1705)此书才由三畏堂、光启堂联合刊刻问世,故黎利宾在序中写道:"而未卒其业,既而先生出镇关中,

遂慨然以立功自任,欿然以立言委余。"书成之后,时任兵部右侍郎等职的曹鉴伦在给此书作的序中赞道:"此书一出,当必如朱子之《集注》,传之千百世而不朽矣。"朱熹的《四书集注》是清代文科考试的钦定教材,可见曹鉴伦对此书评价之高。

康熙四十九年(1710),康熙帝以《武经七书》内容驳杂或有不正之处,诏命仅以《孙子》、《吴子》和《司马法》三书考试武举,号称《武经三书》。此时,《武经七书汇解》作为考试武举的辅导用书,显然已不合时宜了,但此时其主编曹曰玮已过世,所以黎利宾就独自应坊商之邀,从《武经七书汇解》抽取三书编成《武经三书汇解》,因此该书中只有黎氏一人的序。此书康熙五十年(1711)初版,由于出版及时,乃是清代武举考试教材《武经三书》的第一个注本,康熙五十一年(1712)此书再版,可见这本《武经三书汇解》的发行量一定颇为可观。

曹曰玮的这部作品,虽然当时在民间被广大参加武举考试者所

天子万年 选自《康熙南巡图》卷。清，王翚等作。绢本，重设色，共十二卷，每卷纵67.8厘米，横1555厘米—2612.5厘米不等。1691年开始绘制，历时三年才完成。画面展现的是康熙皇帝第二次南巡（1689年）的场面，从离开京师到沿途所经过的山川城池、名胜古迹等，每卷都有康熙皇帝的身影。这幅"中华第一长卷"绘制完成以后，一直保留在清皇宫，后来散佚，现在第九、十、十二卷藏于北京故宫博物院，其他几卷藏于美国、法国及加拿大等国的博物馆或私人手中奉读，但可能因为不是官书，所以没有被任何官方的丛书、类书收编，以致湮没了近三百年才被发掘出来作为专门研究对象。关于《武经三书汇解》，在《续修四库全书总目提要》稿本中有提要一篇，但终究《续修四库全书》没有收编此书。后来谢祥皓、刘申宁主编的《孙子集成》丛书影印出版了《武经七书汇解》中的"孙子汇解"部分，其中包含了曹曰玮的序言：

> 尝考唐《艺文志》，天宝间，诏以武经七书定本刊于学官，自是以后，笺释此经者代有宗工，然多挂一漏十，言不尽意，传及胜明，又用以标题取士，与八股帖括并行，而此书之蕴遂日就荒芜。当今之世，圣天子在上励精图治，天保治内，采薇治外，甚盛事也。余以樗栎之材，滥获一第，公退之暇，间取古今注疏，博观纵览为学，以入政之一助，而心窃异之曰：此兵家之权舆也，其中行军、立阵、克敌制胜之道，变化莫测，有与天文地理阴阳鬼神相为表里者，固非浅学所能骤窥。然苟不为分析其名义，条陈其指趣，人各有所得，则终身习之有白首茫然而不知其颠末者矣。用是不揣谫陋，与白门黎子观五肆力蒐讨，因得汇辑前人之说而为此书，分为七卷，抉择必精，贯通务浃，所以推阐隐秘、发挥奇奥者，其用义盖详且窑也。惟在世之善读者，知别出只眼而开拓心胸，以贮之耳。丙子冬杪，集成，复与黎子商所以名之者，黎子曰："前辈诸名家之解，支分派别，譬则江淮河汉也，是书采书穷源，而有以会其归焉，譬则海也，请以汇解名之。"余曰："诺。"今俾之锲板问世，庶可践吾成言，以不虚吾之志云。
>
> 赐武状元及第，癸酉科解元联捷，钦依二等侍卫，陕西靖远副将官左都督，秋浦曹曰玮题，时岁次乙酉季秋之吉。

我们在看关于武人的材料时，常常发现他们不谙文字，如遗留下来的各种奏折，许多文理不通，又如清乾隆时人赵翼在其《簷曝杂记》一书中记载："武闱但以弓马技艺为主，内场文策不论工拙也。余尝主顺天乙酉科武乡试，其策有极可笑者，如'一旦'二字多作'亘'字，'丕'字又作'不一'字，盖夹带小本，字画甚密，不能分晰，故抄誊讹错耳。又如'国家四郊多垒社稷危亡'之类亦无不抬写。武生自称'生'则应于行内稍偏，乃又将'生人''生物''生机杀机'之'生'字一概偏在侧边。如此者不一而足。然外场已挑入'双好'字号，则不得不取中，幸武闱无磨勘之例，可不深求耳。"

关于曹曰玮在考试中表现出的文才，本书前文中已谈及他的考官王掞及苏伟的相关评价，另外从中国国家图书馆所藏的曹曰玮会试墨卷来看，其文行笔流畅、论述严密，其字蝇头行草、铁画银钩，堪称佳品，绝非平常鲁莽武夫之作所能比拟。

前面我们还谈到了《六合拳序》一文，实际上这篇文字中关于曹曰玮的信息完全是来自《武经七书汇解》。

《六合拳序》的开篇为："天下之治道有二，曰德曰威；天下之学术有二，曰文曰武。"《武经七书汇解》中黎利宾序的开头为："天下之治道有二，曰德曰威；天下之学术有二，曰文曰武。三代而降，兵制废，军法亡，公卿将帅之途分，不特礼乐法政教化维持之具散亡磨灭，凡伍两卒旅之制、蒐狩简稽之法悉荡焉无存，于是魁梧杰出之士乘衰蹈敝，奋其聪明材力，立功立言，而七子之书遂流著于后世。"

《六合拳序》称曹于"康熙癸酉科联捷三元"，这明显是对《武经七书汇解》曹曰玮序的落款"赐武状元及第,癸酉科解元联捷"的误读,曹曰玮是由头年癸酉科武解元联捷次年甲戌科武状元,而甲戌科武会元则是倪锦,所以不是"联捷三元"。查看清朝武科资料,连中三元的武状元仅顺治九年(1652)壬辰科武状元王玉璧和乾隆十九年(1754)甲戌科武状元顾麟两人而已,王玉璧连中三元后曾轰动朝野。但像曹曰玮、曹维城这样连中两元的武状元,也是不多见的。

至于《六合拳序》中说曹曰玮是"陕西靖远总镇大都督",则也是对《武经七书汇解》曹曰玮序中"陕西靖远副将官左都督"的臆解,曹曰玮在靖远卫时只是副将,到陕西兴汉镇时才是总兵(总镇)。《六合拳序》的文本可能出自山西,虽然可能是一篇伪作,但也从侧面说明了曹曰玮的声名及其著作已传播到三晋这个武术之乡。因此说曹曰玮的文才和武艺对后世是有相当影响力的,从这个意义上看,可以认为曹曰玮是清代武状元中的第一人。

曹氏宗谱中保存有曹曰玮的诗一首《寄族中》:"君恩偏向怀才重,祖德还从奕世深。吾族几村耕读士,共于忠孝笃同心。"应当是他考中武状元后寄给老家的感恩诗。

2019年初,我们在拜瞻齐山状元墓的同时,看到旁边树立有岳飞的塑像。岳飞一生戎马倥偬,于南宋绍兴四年(1134)十月奉诏自鄂州出师池州,屯兵齐山,留有《池州翠微亭》诗:"经年尘土满征衣,特特寻芳上翠微。好水好山观未足,马蹄催趁月明归。"

心/形意拳界奉岳飞为祖师,奉曹继武为第二代传人,如今两人的遗迹在齐山会合,或许是冥冥中自有安排吧。

晚清武人与兵卒影像

光绪二十七年（1901）年，清政府以武举「所习原弓、刀、石及马、步射，皆与兵事无涉，施之今日，亦无所用」，下诏「废止武举（最后的武状元叫张三甲）。」文、武的考试形态也变成现在的文科生与理科生。我们特从马图索夫斯基、梅荫华等外国人士的影像中选出部分晚清武人与兵将的照片来展示中国独特的「武状元」。

武人习射

武生步射

兵卒

武人

骑马的武官

官员与亲兵

武人群体习射

Tireurs à l'arc à l'exercice

塔前的兵卒

武官

Officiers de l'armée chinoise, en grande tenue

武将

骑兵统领

武生举石

军营

1. **典籍：** 康熙、雍正《大清会典》，乾隆《钦定大清会典则例》，光绪《钦定大清会典事例》，乾隆《皇朝文献通考》，光绪《皇朝政典类纂》，乾隆《钦定学政全书》，道光、光绪《钦定武场条例》，《康熙起居注》，《清实录·圣祖仁皇帝实录》。

2. **家谱：** 乾隆缟溪《曹氏宗谱》，光绪《礼和曹氏宗谱》，同治《宏溪方氏宗谱》，怀宁德星堂《陈氏族谱》(民国版)，潜怀景福堂《刘氏宗谱》(1990版)，潜怀孝友堂《张氏族谱》(民国版)，桐城《张氏宗谱》(民国版)，青阳《墩头曹氏宗谱》。

3. **地方志：** 康熙、乾隆《池州府志》，乾隆《贵池县志续编》，光绪《贵池县志》，康熙《大兴县志》，光绪《顺天府志》，乾隆《宁武府志》，光绪《神池县志》，康熙《重纂靖远卫志》，乾隆《续增靖远县志》，康熙《兴安州志》，乾隆《兴安府志》，光绪《青阳县志》。

4. **档案：** 曹曰玮会试墨卷，康熙《甲戌科武会试录》，《中国明朝档案总汇》，《康熙朝满文朱批奏折全译》，《康熙朝汉文朱批奏折汇编》，《宫中档康熙朝奏折》，《明清档案》。

5. **拳谱：**《六合拳序》抄本多种，心意拳谱抄本多种。

6. **古人著作：** 曹曰玮等《武经七书汇解》，曹曰玮等《武经三书汇解》，俞益谟《青铜自考》，查嗣庭《双遂堂遗集》，汪景祺《读书堂西征随笔》，朱彭寿《旧典备征》，奕赓《侍卫琐言》，曹寅《楝亭诗钞》，阎若璩《潜丘札记》，曹石《秋烟草堂诗稿》，傅增湘《清代殿试考略》，谭吉璁《历代武举考》。

7. **图录：** 万历《三才图会》，《满洲实录》，嘉庆、光绪《钦定大清会典图》，《点石斋画报》，《吴友如画宝》，(日)冈田玉山等《唐土名胜图会》，李兵、林介宇《科举旧影录》，李兵、袁建辉《清代科举图鉴》，杨学为、乔丽娟、李兵《科举图录》，李金梅、李重申《丝绸之路体育图录》，《敦煌石窟全集》。

8. **外文图书：** 徐勋（Etienne Zi）《中华武科试实则》（*Pratique des Examens Militaires en Chine*）和《中华文科试实则》（*Pratique des Examens Littéraires en Chine*），John Henry Gray《中国：法律、风貌及习惯之历史》（*China: A History of the Laws, Manners and Customs of the People*）。

9. **今人著作：**

    (1) 许友根著：《武举制度史略》，苏州大学出版社1997年版。

    (2) 赵冬梅著：《武道彷徨：历史上的武举和武学》，解放军出版社2000年版。

    (3) 戴伟谦著：《中国武举与武术之探微》，师大书苑有限公司2006年版。

(4) 王月著:《清代武官选任制度研究》,吉林大学出版社2012年版。

(5) 周兴涛著:《宋代武举锥指》,云南人民出版社2017年版。

(6) 李林:清代武生的管理、训练与考课,《史学月刊》2015年第12期。

(7) 王金龙:清代"武鼎甲"补考,《清史论丛》2016年第2期。

(8) 王金龙:清代武状元籍贯与地域分布,《历史档案》2017年第4期。

(9) 张晋藩、邱远猷编写:《科举制度史话》,中华书局1964年版。

(10) 沈兼士编著:《中国考试制度史》,台湾商务印书馆1969年版。

(11) 邓嗣禹著:《中国考试制度史》,台湾学生书局1982年版。

(12) 张希清著:《中国科举考试制度》,新华出版社1993年版。

(13) 刘海峰、李兵著:《中国科举史》,东方出版社2004年版。

(14) 刘海峰著:《科举学导论》,华中师范大学出版社2005年版。

(15) 李国钧、王炳照主编:《中国教育制度通史》,山东教育出版社2000年版。

(16) 杨学为主编:《中国考试史文献集成》,高等教育出版社2003年版。

(17) 张希清、毛佩琦、李世瑜主编:《中国科举制度通史》,上海人民出版社2017年版。

(18) 商衍鎏著:《清代科举考试述录》,生活·读书·新知三联书店1958年版。

(19) 黄光亮著:《清代科举制度之研究》,嘉新水泥公司文化基金会1976年版。

(20) 刘兆璸著:《清代科举》,东大图书股份有限公司1979年版。

(21) 王德昭著:《清代科举制度研究》,中华书局1984年版。

(22) 钟毓龙著:《科场回忆录》,浙江古籍出版社1987年版。

(23) 刘希伟著:《清代科举冒籍研究》,华中师范大学出版社2012年版。

(24) 罗尔纲著:《绿营兵志》,中华书局1984年版。

(25) 臧云浦、朱崇业、王云度著:《历代官制·兵制·科举制表释》,江苏古籍出版社1987年版。

(26) 常江、李理著:《清宫大内侍卫》,故宫出版社2013年版。

(27) 刘世德著:《曹雪芹祖籍辨证》,中国大百科全书出版社1998年版。

(28) 吴新雷、黄进德著:《曹雪芹江南家世丛考》,黑龙江教育出版社2009年版。

(29) 张书才著:《曹雪芹家世生平探源》,白山出版社2009年版。

(30) 冯其庸著:《曹雪芹家世新考》,青岛出版社2014年版。

图书在版编目（CIP）数据

武状元：一个从庶民到将军的人才培养工程 / 张全海著. -- 北京 : 中国画报出版社,2021.5（2021.6重印）

ISBN 978-7-5146-1950-8

Ⅰ.①武… Ⅱ.①张… Ⅲ.①武术－科举制度－中国－古代 Ⅳ.①G852.092②D691.3

中国版本图书馆CIP数据核字(2020)第221667号

武状元：一个从庶民到将军的人才培养工程
张全海　著

出 版 人：于九涛
责任编辑：齐丽华　郭翠青
书籍设计：潘振宇　774038217@qq.com
营销编辑：孙小雨
责任印制：焦　洋

出版发行：中国画报出版社
地　　址：中国北京市海淀区车公庄西路33号　邮编：100048
发 行 部：010-68469781　010-68414683（传真）
总编室兼传真：010-88417359　版权部：010-88417359

开　　本：32开（787 mm × 1092mm）
印　　张：7.75
字　　数：170千字
版　　次：2021年5月第1版　　2021年6月第2次印刷
印　　刷：北京汇瑞嘉合文化发展有限公司
书　　号：ISBN 978-7-5146-1950-8
定　　价：68.00元